AF193595

Siempre con Él

*Una meditación
para cada día*

Ediciones Palabra
Madrid

© Fulgencio Espa Feced, 2024
© Antonio Fernández Velasco, 2024
© Fernando del Moral Acha, 2024
  Ediciones Palabra, S.A., 2024
  Paseo de la Castellana, 210 – 28046 MADRID (España)
  Telf.: (34) 91 350 77 20 – (34) 91 350 77 39
  www.palabra.es
  palabra@palabra.es

Diseño de portada: Equipo de producción
ISBN: 978-84-1368-334-8
Depósito legal: M-14.026-2024
Impresión: Gohegraf, S.L.
Printed in Spain – Impreso en España

FULGENCIO ESPA
ANTONIO FERNÁNDEZ
FERNANDO DEL MORAL

Siempre con Él

*Una meditación
para cada día*

Tiempo ordinario
Semanas XIV-XX

PALABRA

CALENDARIO LITÚRGICO	2024 B	2025 C	2026 A	2027 B	2028 C	2029 A	2030 B	2031 C	2032 A	2033 B	2034 C
2ª después de Navidad	—	5 ene.	4 ene.	3 ene.	2 ene.	—	—	5 ene.	4 ene.	2 ene.	—
Epifanía del Señor	6 ene.	6 ene.	6 ene.	6 ene.	6 ene.	6 ene.	6 ene.	6 ene.	6 ene.	6 ene.	6 ene.
Bautismo del Señor	7 ene.	12 ene.	11 ene.	10 ene.	9 ene.	7 ene.	13 ene.	12 ene.	11 ene.	9 ene.	8 ene.
2ª de tpo. ordinario	14 ene.	19 ene.	18 ene.	17 ene.	16 ene.	14 ene.	20 ene.	19 ene.	18 ene.	16 ene.	15 ene.
3ª de tpo. ordinario	21 ene.	26 ene.	25 ene.	24 ene.	23 ene.	21 ene.	27 ene.	26 ene.	25 ene.	23 ene.	22 ene.
4ª de tpo. ordinario	28 ene.	2 feb.	1 feb.	31 ene.	30 ene.	28 ene.	3 feb.	2 feb.	1 feb.	30 ene.	29 ene.
5ª de tpo. ordinario	4 feb.	9 feb.	8 feb.	7 feb.	6 feb.	4 feb.	10 feb.	9 feb.	8 feb.	6 feb.	5 feb.
6ª de tpo. ordinario	11 feb.	16 feb.	15 feb.	—	13 feb.	11 feb.	17 feb.	16 feb.	—	13 feb.	12 feb.
7ª de tpo. ordinario	20 may.	23 feb.	—	17 may.	20 feb.	21 may.	24 feb.	23 feb.	17 may.	20 feb.	—
8ª de tpo. ordinario	27 may.	2 mar.	25 may.	24 may.	27 feb.	28 may.	3 mar.	—	24 may.	27 feb.	29 may.
9ª de tpo. ordinario	3 jun.	—	1 jun.	31 may.	5 jun.	4 jun.	—	2 jun.	31 may.	—	5 jun.
MIÉRCOLES DE CENIZA	14 feb.	5 mar.	18 feb.	10 feb.	1 mar.	14 feb.	6 mar.	26 feb.	11 feb.	2 mar.	22 feb.
1ª de Cuaresma	18 feb.	9 mar.	22 feb.	14 feb.	5 mar.	18 feb.	10 mar.	2 mar.	15 feb.	6 mar.	26 feb.
2ª de Cuaresma	25 feb.	16 mar.	1 mar.	21 feb.	12 mar.	25 feb.	17 mar.	9 mar.	22 feb.	13 mar.	5 mar.
3ª de Cuaresma	3 mar.	23 mar.	8 mar.	28 feb.	19 mar.	4 mar.	24 mar.	16 mar.	29 feb.	20 mar.	12 mar.
4ª de Cuaresma	10 mar.	30 mar.	15 mar.	7 mar.	26 mar.	11 mar.	31 mar.	23 mar.	7 mar.	27 mar.	19 mar.
5ª de Cuaresma	17 mar.	6 abr.	22 mar.	14 mar.	2 abr.	18 mar.	7 abr.	30 mar.	14 mar.	3 abr.	26 mar.
Domingo de Ramos	24 mar.	13 abr.	29 mar.	21 mar.	9 abr.	25 mar.	14 abr.	6 abr.	21 mar.	10 abr.	2 abr.
SAN JOSÉ	19 mar.	19 mar.	19 mar.	19 mar.	20 mar.	19 mar.	19 mar.	19 mar.	19 mar.	19 mar.	20 mar.
ANUNCIACIÓN DEL SEÑOR	8 abr.	25 mar.	**25 mar.**	5 abr.	25 mar.	9 abr.	**25 mar.**	25 mar.	5 abr.	25 mar.	25 mar.
DOMINGO DE PASCUA	31 mar.	20 abr.	5 abr.	28 mar.	16 abr.	1 abr.	21 abr.	13 abr.	28 mar.	17 abr.	9 abr.
2ª de Pascua	7 abr.	27 abr.	12 abr.	4 abr.	23 abr.	8 abr.	28 abr.	20 abr.	4 abr.	24 abr.	16 abr.
3ª de Pascua	14 abr.	4 may.	19 abr.	11 abr.	30 abr.	15 abr.	5 may.	27 abr.	11 abr.	1 may.	23 abr.
4ª de Pascua	21 abr.	11 may.	26 abr.	18 abr.	7 may.	22 abr.	12 may.	4 may.	18 abr.	8 may.	30 abr.
5ª de Pascua	28 abr.	18 may.	3 may.	25 abr.	14 may.	29 abr.	19 may.	11 may.	25 abr.	15 may.	7 may.
6ª de Pascua	5 may.	25 may.	10 may.	2 may.	21 may.	6 may.	26 may.	18 may.	2 may.	22 may.	14 may.
7ª de Pascua (Ascensión)	12 may.	1 jun.	17 may.	9 may.	28 may.	13 may.	2 jun.	25 may.	9 may.	29 may.	21 may.
PENTECOSTÉS	19 may.	8 jun.	24 may.	16 may.	4 jun.	20 may.	9 jun.	1 jun.	16 may.	5 jun.	28 may.
Lunes después de Pentecostés	20 may.	9 jun.	25 may.	17 may.	5 jun.	21 may.	10 jun.	2 jun.	17 may.	6 jun.	29 may.
Comienza sem. del tpo. ord.	7ª sem.	10ª sem.	8ª sem.	7ª sem.	9ª sem.	7ª sem.	10ª sem.	9ª sem.	7ª sem.	10ª sem.	8ª sem.
Santísima Trinidad	26 may.	15 jun.	31 may.	23 may.	11 jun.	27 may.	16 jun.	8 jun.	23 may.	12 jun.	4 jun.
Cuerpo y Sangre de Cristo	2 jun.	22 jun.	7 jun.	30 may.	18 jun.	3 jun.	23 jun.	15 jun.	30 may.	19 jun.	11 jun.

CALENDARIO LITÚRGICO	2024 B	2025 C	2026 A	2027 B	2028 C	2029 A	2030 B	2031 C	2032 A	2033 B	2034 C
9ª de tpo. ordinario	3 jun.	–	1 jun.	31 may.	5 jun.	4 jun.	–	2 jun.	31 may.	–	5 jun.
10ª de tpo. ordinario	9 jun.	9 jun.	8 jun.	6 jun.	12 jun.	10 jun.	10 jun.	9 jun.	6 jun.	6 jun.	11 jun.
11ª de tpo. ordinario	16 jun.	16 jun.	14 jun.	13 jun.	19 jun.	17 jun.	17 jun.	16 jun.	13 jun.	13 jun.	18 jun.
12ª de tpo. ordinario	23 jun.	23 jun.	21 jun.	20 jun.	25 jun.	24 jun.	24 jun.	22 jun.	20 jun.	20 jun.	25 jun.
13ª de tpo. ordinario	30 jun.	29 jun.	28 jun.	27 jun.	2 jul.	1 jul.	30 jun.	29 jun.	27 jun.	26 jun.	2 jul.
14ª de tpo. ordinario	7 jul.	6 jul.	5 jul.	4 jul.	9 jul.	8 jul.	7 jul.	6 jul.	4 jul.	3 jul.	9 jul.
16ª de tpo. ordinario	21 jul.	20 jul.	19 jul.	18 jul.	23 jul.	22 jul.	21 jul.	20 jul.	18 jul.	17 jul.	23 jul.
17ª de tpo. ordinario	28 jul.	27 jul.	26 jul.	25 jul.	30 jul.	29 jul.	28 jul.	27 jul.	25 jul.	24 jul.	30 jul.
18ª de tpo. ordinario	4 ago.	3 ago.	2 ago.	1 ago.	6 ago.	5 ago.	4 ago.	3 ago.	1 ago.	31 jul.	6 ago.
19ª de tpo. ordinario	11 ago.	10 ago.	9 ago.	8 ago.	13 ago.	12 ago.	11 ago.	10 ago.	8 ago.	7 ago.	13 ago.
20ª de tpo. ordinario	18 ago.	17 ago.	16 ago.	15 ago.	20 ago.	19 ago.	18 ago.	17 ago.	15 ago.	14 ago.	20 ago.
21ª de tpo. ordinario	25 ago.	24 ago.	23 ago.	22 ago.	27 ago.	26 ago.	25 ago.	24 ago.	22 ago.	21 ago.	27 ago.
22ª de tpo. ordinario	1 sep.	31 ago.	30 ago.	29 ago.	3 sep.	2 sep.	1 sep.	31 ago.	29 ago.	28 ago.	3 sep.
23ª de tpo. ordinario	8 sep.	7 sep.	5 sep.	5 sep.	10 sep.	9 sep.	8 sep.	7 sep.	5 sep.	4 sep.	10 sep.
24ª de tpo. ordinario	15 sep.	14 sep.	13 sep.	12 sep.	17 sep.	16 sep.	15 sep.	14 sep.	12 sep.	11 sep.	17 sep.
25ª de tpo. ordinario	22 sep.	21 sep.	20 sep.	19 sep.	24 sep.	23 sep.	22 sep.	21 sep.	19 sep.	18 sep.	24 sep.
26ª de tpo. ordinario	29 sep.	28 sep.	27 sep.	26 sep.	1 oct.	30 sep.	29 sep.	28 sep.	26 sep.	25 sep.	1 oct.
27ª de tpo. ordinario	6 oct.	5 oct.	4 oct.	3 oct.	8 oct.	7 oct.	6 oct.	5 oct.	3 oct.	2 oct.	8 oct.
28ª de tpo. ordinario	13 oct.	12 oct.	11 oct.	10 oct.	15 oct.	14 oct.	13 oct.	12 oct.	10 oct.	9 oct.	15 oct.
29ª de tpo. ordinario	20 oct.	19 oct.	18 oct.	17 oct.	22 oct.	21 oct.	20 oct.	19 oct.	17 oct.	16 oct.	22 oct.
30ª de tpo. ordinario	27 oct.	26 oct.	25 oct.	24 oct.	29 oct.	28 oct.	27 oct.	26 oct.	24 oct.	23 oct.	29 oct.
31ª de tpo. ordinario	3 nov.	2 nov.	1 nov.	31 oct.	5 nov.	4 nov.	3 nov.	2 nov.	31 oct.	30 oct.	5 nov.
32ª de tpo. ordinario	10 nov.	9 nov.	8 nov.	7 nov.	12 nov.	11 nov.	10 nov.	9 nov.	7 nov.	6 nov.	12 nov.
33ª de tpo. ordinario	17 nov.	16 nov.	15 nov.	14 nov.	19 nov.	18 nov.	17 nov.	16 nov.	14 nov.	13 nov.	19 nov.
34ª de tpo. ord. (Cristo Rey)	24 nov.	23 nov.	22 nov.	21 nov.	26 nov.	25 nov.	24 nov.	23 nov.	21 nov.	20 nov.	26 nov.
	C	A	B	C	A	B	C	A	B	C	A
1ª de Adviento	1 dic.	30 nov.	29 nov.	28 nov.	3 dic.	2 dic.	1 dic.	30 nov.	28 nov.	27 nov.	3 dic.
2ª de Adviento	8 dic.	7 dic.	6 dic.	5 dic.	10 dic.	9 dic.	8 dic.	7 dic.	5 dic.	4 dic.	10 dic.
3ª de Adviento	15 dic.	14 dic.	13 dic.	12 dic.	17 dic.	16 dic.	15 dic.	14 dic.	12 dic.	11 dic.	17 dic.
4ª de Adviento	22 dic.	21 dic.	20 dic.	19 dic.	24 dic.	23 dic.	22 dic.	21 dic.	19 dic.	18 dic.	24 dic.
NATIVIDAD DEL SEÑOR	25 dic.	25 dic.	25 dic.	25 dic.	25 dic.	25 dic.	25 dic.	25 dic.	25 dic.	25 dic.	25 dic.
Sagrada Familia	29 dic.	28 dic.	27 dic.	26 dic.	31 dic.	30 dic.	29 dic.	28 dic.	26 dic.	30 dic.	31 dic.

DECIMOCUARTO DOMINGO. CICLO A

1. Rezar solo para dar gracias.
2. Personalizar el Magníficat.
3. Del grupo de los cansados.

1. Recoge san Mateo en el evangelio de este domingo una de las pocas oraciones de Jesús, que abre sus labios para dirigirse en actitud confiada y filial a Dios: *Te doy gracias, Padre, Señor del cielo y de la tierra, porque has escondido estas cosas a los sabios y entendidos, y se las has revelado a los pequeños* (*Mt* 11, 25). No sigas tan aprisa: detente y contempla a Jesús rezando, a la Segunda Persona de la santísima Trinidad teniendo una conversación con su Padre. Quizá esta sea tu oración de hoy.

Te doy gracias son las primeras palabras de este diálogo divino que nos recuerdan a nosotros la importancia de reconocer los dones de Dios. Él «no es solo nuestro Dios, acreedor de nuestra adoración y alabanza; sino también la fuente de donde nos vienen todas las gracias, todos los bienes, todos los beneficios tanto para nuestra alma como para nuestro cuerpo, tanto para cada uno en particular como para el mundo entero. Entonces, es necesario que le manifestemos nuestra gratitud»[1]. A veces por la prisa con la que vivimos o por el atolondramiento en nuestra oración no reparamos lo suficiente en esta dimensión de la oración. ¿Cuántas veces al día levantas tu corazón agradecido a tu Padre del Cielo? ¿Eres capaz de ver, donde otros solo creen encontrar «buena suerte» o «casualidades de la vida», la mano providente de un Dios que te quiere y te cuida?

Estamos muy acostumbrados a la oración de petición, a acudir delante de Dios con nuestros problemas y agobios buscando una solución; pero es menos frecuente –o no en la misma proporción– que nos acerquemos para darle gracias; y no solo porque nos haya concedido algo extraordinario sino por el puro milagro de existir o el don inmerecido de la fe y la vocación.

El *Catecismo de la Iglesia católica* nos recuerda que la máxima expresión de nuestra acción de gracias es la celebración eucarística –Eucaristía significa acción de gracias–, de hecho, la liturgia nos lo evoca en las primeras palabras del Prefacio: «en verdad es justo y necesario, es nuestro deber y salvación darte gracias siempre y en todo lugar, Señor Padre santo, Dios todopoderoso y eterno». ¿Por qué se vincula la salvación a la acción de gracias? Porque quien da gracias sabe que no merece lo recibido, reconoce la bondad del donante y, solo una persona así, es capaz de acoger la salvación de Dios; los soberbios creen que todo lo que poseen lo tienen merecido, su corazón se endurece y pueden acabar despreciando la salvación divina. A los humildes, «los peque-

---

[1] Venerable José María García Lahiguera, *Pláticas*, T. I, 77-78.

ños», los abraza el Señor, mientras a los soberbios, «los sabios y entendidos» los rechaza.

2. Vivir en lo que podríamos llamar la lógica de la gratitud no es algo muy común entre nosotros. Nos hemos acostumbrado a un modo de vida donde no se valora esa disposición interior, sino que se la identifica con debilidad. Si necesitas de otro, si no posees por ti mismo lo que quieres, no sirves. Cuánto empeño se pone en eliminar la total dependencia que la criatura tiene de Dios y así «devolver» al hombre su total dignidad autónoma.

La acción de gracias me vincula con alguien más grande en algún aspecto, hace de mí uno de aquellos «pobres en el espíritu» de los que el Señor elogia en las Bienaventuranzas. «Es de bien nacidos ser agradecidos» dice nuestro refrán castellano, y nosotros hemos nacido muy bien porque por el bautismo hemos nacido hijos de Dios. Estoy seguro que si miras a tu alrededor te encontrarás con un montón de personas y circunstancias por las que no podrás parar de dar gracias a Dios. Pide ayuda al Espíritu Santo y tu alma quedará asombrada –amorosamente asustada– de la cantidad de cuidados que Dios te dispensa. Esa acción de gracias sincera y consciente hará brotar en ti la alegría, el optimismo, la capacidad de ver todo lo que hay de bueno a tu alrededor; y te preparará para la manifestación más grande de abandono y confianza filial: agradecer a tu Padre del cielo incluso todo aquello que a los ojos del mundo supone una desgracia o un mal objetivo.

La acción de gracias dilata nuestro corazón y nos hace parecernos más a María, recuerda como sus primeras palabras, tras su concepción virginal, fue el canto del Magníficat en casa de su prima Isabel: dar gracias a

Dios por las maravillas que había hecho en Ella y a través de Ella. También tú y yo podemos entonar nuestro personal Magnificat.

3. Pero, además, al final del evangelio de hoy, encontramos la invitación de Jesús, *venid a mí todos los que estáis cansados y agobiados, y yo os aliviaré* (*Mt* 11, 28). ¡Qué bellas estas palabras divinas! ¡Cuántas veces hemos apoyado nuestra oración en ellas en momentos difíciles!

«Cuando Jesús dice esto, tiene ante sus ojos a las personas que encuentra todos los días por los caminos de Galilea: mucha gente sencilla, pobres, enfermos, pecadores, marginados... Esta gente lo ha seguido siempre para escuchar su palabra –¡una palabra que daba esperanza! Las palabras de Jesús dan siempre esperanza– y también para tocar incluso solo un borde de su manto. Jesús mismo buscaba a estas multitudes cansadas y agobiadas como ovejas sin pastor (cfr. *Mt* 9, 35-36) y las buscaba para anunciarles el Reino de Dios y para curar a muchos en el cuerpo y en el espíritu. Ahora los llama a todos a su lado: «Venid a mí», y les promete alivio y consuelo.

Esta invitación de Jesús se extiende hasta nuestros días (…). Jesús promete dar alivio a todos, pero nos hace también una invitación, que es como un mandamiento: *Tomad mi yugo sobre vosotros y aprended de mí, que soy manso y humilde de corazón* (*Mt* 11, 29). El «yugo» del Señor consiste en cargar con el peso de los demás con amor fraternal. Una vez recibido el alivio y el consuelo de Cristo, estamos llamados a su vez a convertirnos en descanso y consuelo para los hermanos, con actitud mansa y humilde, a imitación del Maestro. La mansedumbre y la humildad del corazón nos ayudan no solo a cargar con el peso de los demás, sino también a no cargar sobre ellos nuestros puntos de vista personales, y nuestros juicios, nuestras críticas o nuestra indiferencia»[2].

Hagamos la experiencia al finalizar este rato de oración de descansar –como Juan– sobre el pecho de Jesús. Descarga sobre Él todas tus preocupaciones, agobios y proyectos; vete contándoselos uno a uno. Y para terminar no te olvides de darle las gracias por todo.

---

[2] Papa Francisco, *Ángelus* (6-7-2014).

DECIMOCUARTO DOMINGO. CICLO B

1. ¿De dónde saca esta sabiduría?
2. Jesucristo no es un Dios de segunda, sino un Dios accesible.
3. La fe completa: verdadero Dios y verdadero hombre.

1. Allí estaban los ochenta alumnos del colegio, perfectamente trajeados. Muchachos de dieciséis años que, a causa de los nervios, a duras penas conseguían estar medianamente concentrados. Cada uno estaba pendiente del momento en que le tocaría acercarse al obispo para ser confirmado. A la vez, algo captaba la atención de todos. Su amigo Javier María había anunciado que se cambiaría de nombre y todos tenían ganas de ver por cuál se decidía. Se puede hacer, pero a todos les resultó muy extraño.

Pasaban uno detrás de otro y por fin le tocó el turno a Javier. Los ojos de todos estaban pendientes del padrino que es el encargado de renombrar a su ahijado. Llegó a los pies del obispo; todos miraban, y una voz dijo: Javier María Atanasio.

¿Atanasio? Sorpresa. Indignación. Murmullos... Desde luego, no es un nombre normal para un muchacho… Conjeturas: ¿tendrá un abuelo o un bisabuelo llamado así?; ¿habrá tenido una novia que se llama Atanasia? ¡Imposible! Conjeturas, miles de conjeturas. A la salida, sin pérdida de tiempo, obtuvieron respuesta: «Me he puesto este nombre porque soy un auténtico fan de san Atanasio. ¿No lo conocéis?». Caras de desconcierto… ¿Quién es san Atanasio?

Hablamos de uno de los grandes Padres de la Iglesia. En el maravilloso ábside de la basílica vaticana, cuatro grandes esculturas rodean la cátedra de san Pedro. Cuatro obispos: san Agustín y san Ambrosio, por un lado; san Juan Crisóstomo y san Atanasio, por otro. Se los considera figuras cuya enseñanza y vida sostienen la Iglesia. No se equivocó el escultor Bernini al incluirlo en aquel selecto grupo. Él nos ayudará a comprender mejor el evangelio de hoy, que nos cuenta la siguiente historia.

Jesús llegó a la tierra donde se había criado: Nazaret. El sábado entró a enseñar en la sinagoga. Decía cosas impresionantes pero los corazones de sus paisanos, en vez de sentirse atraídos por la palabra, lo juzgaban. Habían convivido con Él, sabían que era un hombre normal. Todos comienzan a preguntarse intrigados: *¿De dónde saca todo eso? ¿Qué sabiduría es esa que le ha sido dada? ¿Y esos milagros que realizan sus manos? ¿No es este el carpintero, el hijo de María, hermano de Santiago y José y Judas y Simón? Y sus hermanas ¿no viven con nosotros aquí?* (*Mc* 6, 2-3).

Los contemporáneos de Jesús no estaban dispuestos a creer, por más que Cristo les dijera palabras de vida eterna. Daba igual. Habían convivido estrechamente con Él y ahora no daban crédito a lo que veían sus ojos.

Eran incapaces de reconocer en Jesús algo más que un hombre normal.

Nosotros vamos a intentar, con san Atanasio, responder a esa pregunta que formaron los contemporáneos de Jesús: ¿de dónde saca Cristo toda esa sabiduría? Tú, que rezas, que ahora guardas silencio, ¿qué piensas?

2. San Atanasio fue llamado «columna de la Iglesia». No sabemos cuándo nació, lo cierto es que ejerció su magisterio en el siglo IV en Alejandría (Egipto).

La sociedad estaba muy revuelta con la doctrina que un sacerdote llamado Arrio había difundido a lo largo de la ciudad y, poco a poco, se extendía por todo el mundo. Alejandría era un puerto muy importante. Muchos marineros llegados de todo el mundo atracaban allí, y escuchaban las enseñanzas que luego llevaban a otros puertos y a sus países de origen.

No había televisión, ni radio, ni internet, ni móviles 3G... Pero los antiguos tenían memorias prodigiosas, y los temas de conversación de las personas más sencillas eran, a veces, muy teológicos. En los bares, en las plazas, en las aceras, en las tiendas se hablaba de la «divinidad de Jesucristo». Era un tema candente, como ahora puede ser el fichaje de una estrella por cualquier equipo de fútbol o una boda en la familia real británica.

Arrio había dicho que Jesucristo no era verdadero Dios, sino un dios de segunda, una criatura, más importante que el resto, claro, pero a fin de cuentas una criatura. El Padre era el único Dios, y Jesús un semi-Dios a sus órdenes. Así, Arrio negaba dos cosas: la divinidad de Jesucristo y el misterio de la Trinidad. Se compusieron canciones que afirmaban que Jesús no era Dios como el Padre; la gente las tarareaba, pasaban de boca en boca...

el arrianismo se hacía fuerte. Hay que reconocer que las cosas no han cambiado mucho de entonces a ahora: la música sigue siendo un vehículo fundamental de transmisión de conocimientos (y de errores).

Cuando san Atanasio fue nombrado obispo de Alejandría en el 328 puso aún más empeño en denunciar esa mentira. Afirmó de mil modos que Jesucristo era Dios. Tan dura fue la batalla, que Atanasio tuvo que huir –¡hasta cinco veces!– de Alejandría, porque querían acabar con él. Sí, algunos estaban dispuestos a matar por esto. Pasó diecisiete años de destierro, sufriendo por su fe.

Atanasio defendió a capa y espada esa parte del «credo» que habla de la divinidad de Jesucristo y que había sido definida en el concilio de Nicea (325 d.C.): «engendrado, no creado, "de la misma naturaleza" del Padre». El buen obispo no estaba dispuesto a admitir que Jesucristo no fuera Dios, sobre todo «porque quería afirmar que Dios se había hecho hombre»: Dios ha sufrido como nosotros, ha sonreído como nosotros, ha gustado de la compañía de sus amigos, ha llorado la pérdida de sus seres queridos; todo como nosotros. Decir que Jesús es Dios es, en el fondo, afirmar que a Dios le interesamos muchísimo. Con su brillante capacidad de síntesis, Benedicto XVI lo recogía en una catequesis: «La idea fundamental de toda la lucha teológica de san Atanasio era precisamente la de que Dios es accesible. No es un Dios secundario, es el verdadero Dios, y a través de nuestra comunión con Cristo nosotros podemos unirnos realmente a Dios. Él se ha hecho realmente *Dios con nosotros*»[1]. Medítalo: «Dios con nosotros».

3. Ya estamos en disposición de responder a la pregunta que iniciaba nuestra meditación: Jesús saca toda esa sabiduría de sí mismo porque... ¡Él es Dios! Es «Dios verdadero de Dios verdadero, luz de luz, por quien todo fue hecho, que por nosotros los hombres y por nuestra salvación bajó del cielo, y se hizo hombre» de verdad.

Jesús es verdadero hombre: sus primos habitaban en Nazaret, su madre se llama María, aprendió el oficio de carpintero. Jesús está muy cerca de los hombres porque conoce de primera mano sus necesidades. A sus paisanos eso les hizo desconfiar; pero nosotros sabemos que, además de ser verdadero hombre, es verdadero Dios: por eso puede hacer el milagro de conducir nuestra vida por un camino de paz; por eso habla palabras que desvelan los secretos más profundos de nuestro corazón; por eso ha resucitado y está presente en la Eucaristía, llevando al extremo ese ser «Dios con nosotros».

La fe completa necesariamente integra estos dos elementos: Cristo es verdadero Dios y verdadero hombre, perfecto Dios y perfecto hombre. Jesús se extrañó por la falta de fe de aquellos compatriotas suyos. No quisieron reconocerle como Dios.

Si tú o yo nos empeñamos en verle lejos, en no tenerle cerca... no creemos sinceramente que sea verdadero hombre.

Si pensamos que nada puede y dudamos de Él, no creemos que es verdadero Dios.

---

[1] BENEDICTO XVI, *Audiencia* (20-6-2007).

¡Cree con docilidad ambas cosas! ¡Pídele que te dé una fe muy grande, viva, que se traduzca en obras cada día! Así, Jesús no se extrañará de tu poca fe y podrá hacer muchos milagros en tu vida.

DECIMOCUARTO DOMINGO. CICLO C

1. Cuando no hay raíz, el tronco se seca y los frutos jamás vienen.

2. Venid y os contaré lo que ha hecho conmigo.

3. Al contemplar las maravillas de Dios, se alegra el corazón.

1. Eran los días más tórridos del verano. Once personas formaban el grupo: diez y un sacerdote. Sin duda, eran las etapas más duras del Camino de Santiago, cuando las tierras de Castilla son eternas bajo el inmisericorde sol de agosto y sin el abrigo de árbol alguno.

Cada uno llevaba su ritmo, que por otra parte respondía a su modo de ser. El inconstante tan pronto andaba deprisa como se paraba sin motivo alguno. El humilde tomaba su paso que no abandonaba hasta llegar a la meta. Los competitivos se miraban unos a otros, con ansia de llegar los primeros al final de cada día. Y el sacerdote procuraba que todo estuviera en orden.

Don Eduardo llegó antes que ninguno a un pequeño pueblo situado en una vaguada fértil, en medio del inmenso páramo. Fue a ver al alcalde para que les procurara cobijo en las antiguas escuelas. Mientras esperaba, llegó la primera peregrina: una francesa de mediana edad que hacía el camino sola. Charlaron un rato. Desde el principio, ella manifestó su preocupación por mostrar al sacerdote que en ningún caso recorría el camino por motivos religiosos. Hasta tal punto era así, que decidió mostrarle su acreditación laica con la que sellaba su paso por las distintas poblaciones... Siguieron hablando un rato hasta que fueron llegando los chicos y el sacerdote se despidió con una sonrisa amable.

Muchos comienzan su peregrinación a Santiago con una profunda convicción laicista... y acaban transidos de espíritu religioso. Es difícil sustraerse a la belleza de las iglesias, sus imponentes catequesis y los testimonios de otros caminantes. Sin embargo, la cosa da que pensar.

Cuando la raíz no empapa, el tronco se seca y los frutos no vienen. Si llegan, lo hacen sin solidez, mórbidos, inútiles. Así sucede en muchas sociedades de raíz cristiana: la afirmación continua de un laicismo que reniega del origen cristiano de la cultura acaba por hacer mórbida y vulnerable la sociedad entera.

Acrecentemos en nosotros el deseo con que la liturgia de la Misa de hoy da su entrada mediante la antífona inicial: *Oh Dios, meditamos tu misericordia en medio de tu templo; como tu renombre, oh Dios, tu alabanza llega al confín de la tierra; tu diestra está llena de justicia* (*Sal* 48, 10-11). Sí, queremos que el buen nombre de Dios penetre cada uno de los estratos de nuestro mundo y su misericordia sea conocida «hasta los confines del orbe». Empecemos por nuestro propio entorno, en la familia, en el trabajo. Ahí concretamente, ¿qué estoy haciendo? ¿Muestro Su misericordia en mi pequeño pero importante radio de acción?

2. El salmo de la Misa vuelve sobre la idea que venimos meditando. El escritor sagrado exhorta a tocar en honor de Dios, y desea que se postre ante Él la tierra entera. Para ello, da un consejo bien concreto y muy útil, sin duda digno de consideración: *Fieles de Dios, venid a escuchar, os contaré lo que ha hecho conmigo (Sal 66, 16).*

Para revitalizar la raíz de una sociedad postcristiana, hemos de mantener vivo y continuo el recuerdo de lo mucho –todo– que Dios ha hecho con cada uno de nosotros. Esta pedagogía fue empleada ya por san Pablo, que en la segunda lectura exclama: *Dios me libre de gloriarme si no es en la cruz de nuestro Señor Jesucristo, por la cual el mundo está crucificado para mí, y yo para el mundo (Ga 6, 14).*

Cristo nos ha portado la posibilidad del perdón; ha abierto para nosotros las puertas del cielo con el fin de que podamos gozar eternamente de la visión del Dios altísimo; ha ofrecido su sangre en sacrificio, trayéndonos la certeza de que, con su gracia, es posible perseverar en el camino del Amor. ¿Puede haber un motivo mayor de acción de gracias?

Repasa tu propia vida. Mira atrás con los ojos de Dios. Pídele que nos conceda su gracia para examinar nuestros pasos con su providencia infinita.

Entonces descubriremos cómo, a pesar de las dificultades, su paz y su misericordia han rondado siempre nuestras almas. Nos daremos cuenta de que basta dejar paso al Espíritu de Dios para gustar la misericordia de Dios. Le haremos a Jesús la promesa –házsela ahora– de no rebelarnos jamás ante los designios de su voluntad.

3. En el evangelio, Jesús designa a setenta y dos para predicar la buena nueva. Desde entonces, en dos mil años no ha dejado de mandar discípulos y apóstoles a sembrar la semilla siempre nueva del evangelio. Con todo, no duda en manifestar su preocupación por la carencia de obreros: *rogad, pues, al dueño de la mies que envíe obreros a su mies* (*Lc* 10, 2).

Es bueno recordarlo, ahora que hacemos nuestro rato de oración. Pedir a Dios muchos cristianos que, transidos de espíritu apostólico, arrastren sus redes por el mar del mundo y la presenten al Señor repletas de peces. Hombres y mujeres normales y corrientes: profesionales competentes que difundan la luz de Cristo a través de su trabajo bien hecho, que sean capaces de vivir la caridad con sus compañeros, haciendo de su entorno laboral un lugar habitable; madres y padres de familia, que renunciaron hace tiempo a su propio bienestar para hacer feliz la vida a los demás; jóvenes generosos que consideren a Dios como protagonista auténtico de sus vidas, siendo capaces de dar un testimonio alegre, bello, de la vida en Cristo.

Contempla cómo todo crece a tu alrededor cuando te decides a ser apóstol. *Al verlo, se alegrará vuestro corazón, y vuestros huesos florecerán como un prado, se manifestará a sus siervos la mano del Señor, y su ira a sus enemigos* (*Is* 66, 14).

DECIMOCUARTA SEMANA. LUNES

1. *Una fe inmensa. Una maravillosa recompensa.*
2. *¿Quién me ha tocado?*
3. *Tocar la Humanidad santísima de Cristo.*

1. Es una situación tensa. Jairo urge a Jesús para que llegue cuanto antes a su casa: la niña se muere. Ha apostado fuerte: salir de casa dejando tras de sí a su hija puede conllevar la pena irreparable de no estar con ella cuando muera. Pero se halla dispuesto a correr ese riesgo. Tan convencido está de que el Maestro puede hacer algo por su pequeña.

Ha conseguido llegar a Jesús que, compadecido, lo acompaña. Va con ellos la multitud que se agolpaba en torno a Cristo. La situación es digna de ver: Jairo, Jesús, los apóstoles, discípulos, curiosos; todos juntos en una carrera dramática hacia un final incierto: la suerte de la niña. No hay un minuto que perder.

Sin embargo, algo –alguien– se interpone en su carrera. Es una mujer, de nombre desconocido, que llevaba años padeciendo una enfermedad odiosa a ojos de los judíos. ¡No podía tocar a nadie!: si lo hacía, el tocado sería considerado impuro.

Años de flujos de sangre habían dejado seca el alma de la mujer: jamás tocada por nadie, jamás en contacto con otros; ni una mano, ni un abrazo, y mucho menos un beso. Nada. Un cuerpo enfermo, un alma sola. Sabía que tocar a Jesús era, de algún modo, hacerlo impuro, pero, entre tanta gente... ¿quién lo iba a notar? Bien pensado, bastaba que alguien cayera en la cuenta de su presencia para acabar con todo: es impura...

Apuesta arriesgada, como la de Jairo. Y sin embargo valía la pena intentarlo: «tocaré solo una pizca del borde de su manto. Un poquito. De refilón»... Había decenas de personas en aquel andar deprisa a casa del jefe de la sinagoga, muchos golpeaban a Jesús: era el barullo ideal. «Es mi oportunidad –pensaba ella, llena de miedo–; Él no lo notará, ¡nadie lo notará! y conozco su poder... puedo quedar limpia para siempre».

Se acercó como una más. Nadie se percataba de su presencia: iba cubierta. Sigilosamente se abrió paso entre aquella pequeña multitud. Tapado el rostro, como comida por el miedo y la vergüenza, la afrenta de años, la soledad de tantas estaciones sin compañía... tan solo el dedo índice, poco, un extremo insignificante del manto de Cristo... y *una fuerza salió de Cristo y al instante quedó curada* (*Mc* 5, 30).

Cristo se para y mira. La comitiva se detiene. Nosotros también. La audacia de la hemorroísa nos conmociona. Su inmensa fe. La belleza de la recompensa.

2. El evangelio de hoy no lo dice, pero sí su paralelo de Marcos. Cristo se detiene, mira en torno. Algo ha sucedido. Jairo se inquieta: «¿por qué te paras? ¿no ves que mi hija muere?». Situación difícil. La gente mira. Codazos entre los curiosos. Está muy serio, ¿qué le pasa?

«Alguien me ha tocado» (cfr. *Mc* 5, 30). Habla Jesús. Tiembla la hemorroísa. Prende la perplejidad. Los más de confianza le dicen lo que cada uno piensa: *ves cómo te apretuja la gente y preguntas: «¿Quién me ha tocado?»* (*Mc* 5, 31). Es cierto: la carrera es precipitada, todos tienen ganas de ser los primeros en llegar, hay empujones, agarrones, madres que buscan a sus hijos... un caos no pequeño, «¿y aún preguntas quién te ha tocado?».

Jesús sabía por qué lo decía. Como señala san Agustín: «Ella *toca*, la muchedumbre *oprime*. ¿Qué significa *tocó* sino que *creyó*?»[1]. Así es, Cristo preguntaba quién de entre esa muchedumbre había creído con tanta fe. Muchos le rozaban –¡le oprimían!–, pero solo la mujer lo hizo con la esperanza de hacer salir de Él esa fuerza curativa que es la gracia de Dios.

¿Cómo tocas tú a Cristo? ¿No has pensado acaso que, en el fondo, cada Misa reproduce la escena del evangelio de hoy? ¿No ves cómo muchos le apretujan mientras otros acuden con fe y amor verdadero al sacramento? ¿Entre cuáles te cuentas tú? ¿Entre cuáles?

3. La hemorroísa se estremece al oír la pregunta. Ella sabe a qué se refiere Jesús. No alcanza a entender cómo ha podido darse cuenta, pero las palabras de Jesús la han hecho caer en la cuenta de su pecado: ella, enferma, acaba de hacer impuro a Cristo mismo. Teme decir la verdad. Sabe que está sujeta a una pena muy severa... No obstante, responde; confiesa su culpa.

El cuerpo de la mujer quedó sano al contacto con Jesús. Ahora, al escuchar la palabra de Cristo, será su

---

[1] S. Agustín, *Tractatus in Ioann. Evang.*, 26, 3.

alma la que hallará la paz: *Hija, tu fe te ha salvado. Vete en paz y queda curada de tu enfermedad* (*Mc* 5, 34). Ella, que había sido curada de los flujos de sangre al tocarlo, queda ahora restablecida de la enfermedad más potente: la soledad del alma, la pobreza del pecado.

El Señor no la condenó, sino que alabó su audacia, admiró su fe, y la puso como ejemplo a todos los hombres y mujeres. Es un ejemplo de amor y de confianza para acercarnos a la Humanidad santísima de Cristo en la comunión, en los sacramentos, en la oración: ¡en todas las cosas referidas a Él!

Revive, por tanto, la escena, y pídele a Cristo Señor gracias para tu alma y la de los tuyos; gracias que te hagan crecer en santidad y espíritu de servicio a los demás.

DECIMOCUARTA SEMANA. MARTES

1. El demonio mudo.

2. Salvajemente sinceros.

3. Algunos consejos para vivir la sinceridad.

1. En el evangelio de la misa de hoy concluye una serie de curaciones que san Mateo narra en los capítulos octavo y noveno de su relato. La escena sucede de este modo: presentan a Jesús un endemoniado mudo y después de echar al demonio, el mudo habló (cfr. *Mt* 9, 32-33). Como en muchas otras de las curaciones de Jesús, además del nivel de la salud física, encontramos ese otro nivel de significado que corresponde con la salud espiritual, más todavía cuando el caso que nos ocupa es la vuelta a la salud de un endemoniado.

En este demonio mudo, que impedía hablar a ese hombre del evangelio, san Josemaría veía esa enfermedad de la vida espiritual que es la falta de sinceridad con Dios y con nosotros mismos, que se traduce en falta de sinceridad también en la dirección espiritual y la confesión. Es, desde luego, una tentación que de manera muy astuta suele presentarnos el enemigo cuando descubrimos nuestras faltas. Se sirve entonces de la soberbia para suscitarnos vergüenza; vergüenza falsa porque no es por el pecado o por haber ofendido a Dios mostrándonos así ingratos con Él, sino vergüenza por cómo quedamos ante Él o ante los demás, por lo que pudiera pensar de nosotros. La vergüenza de verdad es solo para pecar, la otra es la que nos lleva a permanecer en el pecado. Por eso pídele a Dios vencer esta sibilina tentación del enemigo para que el demonio mudo no te encadene con su silencio que es silencio de muerte en el alma.

2. Unas palabras de san Josemaría sobre esto que venimos meditando pueden ayudarnos a continuar nuestra oración: «No hemos de alejarnos de Dios, porque descubramos nuestras fragilidades; hemos de atacar las miserias, precisamente porque Dios confía en nosotros. ¿Cómo lograremos superar esas mezquindades? Insisto, por su importancia capital: con humildad, y con sinceridad en la dirección espiritual y en el Sacramento de la Penitencia. Id a los que orientan vuestras almas con el corazón abierto; no lo cerréis, porque si se mete el demonio mudo, es difícil de sacar. Perdonad mi machaconería, pero juzgo imprescindible que se grabe a fuego en vuestras inteligencias, que la humildad y –su consecuencia inmediata– la sinceridad, enlazan los otros medios, y se muestran como algo que fundamenta la eficacia para la victoria. Si el demonio mudo se introduce en un alma, lo echa todo a perder; en cambio, si se le arroja fuera inmediatamente, todo sale bien, somos felices, la vida marcha rectamente: seamos siempre salvajemente sinceros, pero con prudente educación»[1].

---

[1] San Josemaría, *Amigos de Dios,* 187-188.

Luchar por vivir esa sinceridad en la confesión y en el momento de abrir nuestra alma a quien nos acompaña espiritualmente es, en efecto, algo indispensable para que el demonio mudo no nos domine. Una lucha que tiene como fundamento la fe. Porque, si has de tener sinceridad y abrir tu alma en la confesión al sacerdote o exponer en la dirección espiritual aquello que te sucede, es únicamente por fe. Fe, no en las virtudes o sabidurías de la persona en cuestión a la que cuentas tus pecados o tus cosas, sino fe en Dios, confianza en que Él nos cuida, nos cura y orienta por medio de la confesión y del consejo prudente. Por eso en tu lucha por vencer al demonio mudo empieza por pedirle esta fe y esta confianza sobrenaturales.

3. Desde luego que la fe en Dios y la confianza en los medios que Él nos ofrece para ayudarnos en nuestro caminar en la tierra son el fundamento y mejor apoyo para vivir la sinceridad y no caer bajo la influencia del demonio mudo. Pero incluso esa fe no te librará de la tentación en este punto, ni tampoco de que pueda haber cosas que, en un momento dado te cuesten decir por la razón que sea. Por eso junto con la petición constante a Dios de que aumente tu fe para fiarte y ser sincero en todas tus cosas, también puede serte de ayuda tener en cuenta algunas cuestiones prácticas.

En primer lugar, en la confesión o en la dirección espiritual di primero lo que veas que más te cuesta. Porque, aunque no tengas intención de omitirlo puede pasar que según vas diciendo otras cosas te venza la tentación de callar; o que te entretengas en otro punto y el consejo del confesor, que quizá ha interrumpido tu confesión te haga muy cuesta arriba reanudarla. Por eso, lo que cuesta, al principio; y cuando lo sueltas verás qué alivio, qué peso quitado de encima. Lo que sigue ya es cuesta abajo, irá rodado.

Otro consejo, por si te sirve. Si andas dando vueltas a algo, dudando de si debes o no contarlo –y no necesariamente por razones turbias, sino quizá por no saber si es relevante, o no tener claridad en tu conciencia al respecto–, lo mejor es decirlo inmediatamente y salir de dudas. Porque si es algo sin importancia nada pierdes con haberlo dicho, pero si era algo relevante tus dudas bien le podían haber hecho el juego al enemigo.

Y solo una cosa más si llega un tropiezo un poco más gordo. No te dejes llevar por la idea de que lo que te ocurre es terrible, gravísimo, irreparable, algo que a nadie sucede o solo a los peores. En el fondo ese pensamiento es pura soberbia revestida hábilmente por el tentador. Busca el lado amable, ríete de ti y de tu flojera y vete corriendo a Dios para volver a recomenzar en tu lucha.

DECIMOCUARTA SEMANA. MIÉRCOLES

1. Una aspiración de apóstol: sin Ti, me muero.

2. Si no nos exigimos, difícilmente conseguiremos nada.

3. El anhelo de estar con Jesús es fuente de vida apostólica.

1. La fama de Cristo se extendía por toda Galilea y Judea. El Señor lo sabe, es consciente de ello. Muchos acuden a Él, y Él sabe por qué: «lo hacían porque allí los panes se multiplicaban y los vientres se llenaban (de vez en cuando); porque los cojos andaban y los ciegos veían (de vez en cuando); porque pronunciaba palabras hermosas (de vez en cuando). Pero Jesús no dijo que daría vida eterna a quien acudiera *donde Él estaba*, sino a quien viene *a mí*»[1].

Ha llegado el momento de elegir a doce de entre esa muchedumbre. Son los que han entendido la diferencia entre ir a Jesús e ir solo donde está Jesús. «Porque yo también "voy donde está el tendero" y le compro dos paquetes de café; pero no por eso me enamoro de

---

[1] F.Rey,*LomejordeJesúses...Jesús*,enhttp://www.jfernandorey.com/blog/category/brevisimo/. También para lo que sigue.

él», sentencia el sacerdote Fernando Rey. «El tendero es parte de mi plan, pero mi plan es el café. Quien "va a Jesús" encuentra en Él su punto de llegada. Le dice: "Jesús, no vengo a por nada en particular, aunque necesito muchas cosas que Tú bien conoces. Pero yo vengo por ti, porque te amo y quiero vivir contigo. Lo de las cosas lo dejo en tus manos, pero si te pierdo a ti, me muero"».

Desde el día en que fueron llamados, los apóstoles iniciaron un camino para comprender que esta y no otra iba a ser su relación con Jesús: «sin Ti, me muero». Así lo entendieron ellos y a eso aspiramos también nosotros: conocer el amor de Dios y comunicarlo a los demás.

2. Los 80 fueron tiempos duros para la Iglesia en Centroeuropa. Asuntos de gran relevancia desde un punto de vista ético, como el aborto o la anticoncepción, ocupaban la atención de la opinión pública, que propugnaba su uso indiscriminado. Existía, además, incluso en el seno de las comunidades cristianas, un clima de abierta oposición a la jerarquía de la Iglesia.

El que era entonces Vicario regional del Opus Dei en Austria «encontraba bastantes dificultades en la labor con gente joven, por el clima religioso general que atravesaba el país. Ante este panorama, podía existir la tentación –no a nivel teórico, pero sí en la práctica– de querer hacer más "fácil" el cristianismo, sobre todo en el aspecto moral»[2].

En efecto, podía cundir la idea de que tal vez rebajando el nivel de exigencia se podría tener más éxito y

---

[2] J. MEDINA BAYO, *Álvaro del Portillo. Un hombre fiel,* p. 619.

acercar más gente a Dios y a la Iglesia. Incluso algunos teorizaban que presentar íntegro el mensaje del evangelio al hombre postmoderno podía ser una carga demasiado pesada...

En esas circunstancias, recibió el siguiente consejo del beato Álvaro del Portillo: «Tenéis miedo a exigir, porque habrá gente que se alejará. Evidentemente, algunos se alejarán, pero si no exigís, no conseguiréis nunca nada»[3].

Cristo, al elegir a los apóstoles de entre esa muchedumbre de seguidores, presentaba ante sus ojos un camino de exigencia de amor que no tendría límites. De hecho, les iba a costar la vida... En su inmensa sabiduría y tierna pedagogía, el Salvador no les ocultó la dureza del camino, pero supo mostrársela de modo continuo y progresivo. Eso sí, sin cambiar una letra a esa palabra infinita que es la caridad. Les eligió para que, muriendo a sí mismos, otros tuvieran vida.

Si nosotros rebajáramos la exigencia, persuadidos de que así es más conveniente o fácil, dejaríamos de estar «con Cristo» para comenzar a ir «dónde está Él», con la oculta pero pobre intención de sacarle algo y de no dar nada. Momentos difíciles en la vida de la Iglesia los ha habido. Momentos de debilidad. Momentos de mundanidad. Pero los santos no han bajado nunca el nivel. Ellos buscan a Cristo. Solo con Él, por un camino de Cruz, se alcanza la felicidad y el corazón puede llenarse de amor. ¿Vas a cambiarlo por una imitación?

---

[3] *Ibid.*

3. La llamada de Dios a los Doce tiene dos componentes inseparables: estar con Él y predicar el evangelio (cfr. *Mc* 3, 14). Para lograr ese propósito, el Señor les infunde autoridad para expulsar espíritus inmundos y curar toda enfermedad o dolencia.

El anhelo de estar con Cristo debe ser también una prioridad en nuestra vida. La autoridad del apóstol mana directamente del costado abierto del Salvador; su agua y su sangre –que son el bautismo y la eucaristía– han de empapar todo el trabajo humano y todo el quehacer del discípulo. La cruz se hace llevadera y atractiva solo en la medida en que la llevamos con Él.

Puesto que tú quieres ser también apóstol, piensa: ¿abandono con facilidad la oración a la primera de cambio? ¿Soy capaz de prever eventuales contratiempos para adelantar su hora y colocarla en el mejor momento del día?

Pregúntate también, a propósito de la santa Misa: ¿es piadosa y puntual, o más bien obligada y carente de cariño? ¿Es atenta? ¿Se escuchan mis respuestas en la celebración, o me limito a un lánguido mascullar de palabras carentes de sentido?

Podríamos seguir repasando, uno a uno, los medios que nos acercan a Cristo y nos hacen comulgar con Él, experimentar su amor. En todo caso, lo principal es considerar que la eficacia de nuestro anuncio y el realismo de nuestro amor –caridad concreta– dependen directamente de lo unidos que estemos a Él.

Si te cansan tus compromisos, te fatiga tu familia y te avergüenza la fe… piensa que tal vez tu unión con Cristo ha dejado de seguir el modelo apostólico y se está amoldando al criterio postmoderno de una fe disminuida, rebajada. Una fe que busca solo una satisfacción interior, pero ha dejado de creer –¡paradoja!– que Cristo es el hijo de Dios. Si te descubres así, reacciona. Basta que mires al Señor y le digas de corazón: «Señor, no me dejes; sin ti, me muero».

DECIMOCUARTA SEMANA. JUEVES

1. ¿Una hora de formación a la semana?
2. Escuchar con atención las palabras de vida.
3. Propósitos, afectos e inspiraciones.

1. Semifinal de Champions. Más de veinte amigos viéndolo juntos. Su equipo se lo jugaba todo. Una buena segunda parte y estarían en la final. Pantalla gigante. *Dolby surround*. Ambientazo. Y se llega al descanso: momento de comentar las jugadas, pitillito, algún WS a otros sufridores, pronósticos, comentarios.

Cinco permanecieron sentados en sus sillas. No se movieron. Es un momento ideal para no pensar en nada. Cerebro en blanco. Los anuncios publicitarios se sucedían, con más o menos gracia, pero llegó uno especialmente decadente.

Una marca de desodorante. En síntesis, el spot narraba lo siguiente: después de rociarse con ese perfume, todas las chicas caían a los pies del usuario. En el ascensor, por la calle, en el semáforo, en la máquina de lavar el coche... El anuncio casi no se podía ver, el ambiente era tremendamente ficticio y todo absolutamente sensual.

Fueron diez segundos de inmundicia que mereció esta respuesta por parte de uno de los televidentes: «contra esto, una charla de formación a la semana».

Nos guste o no, este es el ambiente: impureza, sensualidad, traición, porquería, mucha porquería. Métele ahora el 18G si quieres. Se ve en los anuncios de televisión, en la publicidad de internet, en las redes sociales, en los carteles de las calles, en los comentarios al salir de clase o del trabajo, al salir de marcha, en la música... información constante que entra en nuestra memoria e imaginación y nos recuerda que nada vale la pena, que hay que vivir al día, que la sensualidad es lo más sagrado, que hay que satisfacer todos los placeres o de otro modo no serás nadie.

Es necesario llenar nuestros oídos de palabras de vida. Sí: palabras que nos recuerden lo hermoso del sacrificio, lo meritorio del amor. Palabras que nos confirmen en nuestro camino, nos llenen de coraje para la lucha, de audacia para la entrega. Palabras, en definitiva, que pongan delante de nuestros ojos la belleza de ser hombre, de ser espiritual, de no ser solo animales.

Las palabras de vida están cerca de ti: en la catequesis de tu parroquia, en las charlas de aquel centro de formación, en la predicación de cada domingo, en la lectura espiritual... ¿Qué cosas escuchas?, ¿hay en tu vida tantos o más *inputs* buenos como malos?, ¿cómo escuchas? Si nunca oyes esa voz que te indica por dónde has de ir, no te extrañes de que muchas veces te asalte la duda sobre el camino cristiano que intentas vivir.

2. Jesús envía a sus apóstoles a predicar el reino de Dios, que consiste fundamentalmente en curar enfermos, resucitar muertos y limpiar leprosos, arrojar demonios.

En definitiva, dar gratis lo que gratis hemos recibido. A continuación les da instrucciones muy precisas de cómo deben conducirse: *no os procuréis en la faja oro, plata ni cobre; ni tampoco alforja para el camino, ni dos túnicas, ni sandalias, ni bastón; bien merece el obrero su sustento* (*Mt* 10, 9-10). Ahora bien: *Si alguno no os recibe o no escucha vuestras palabras, al salir de su casa o de la ciudad, sacudid el polvo de los pies. En verdad os digo que el día del juicio les será más llevadero a Sodoma y Gomorra, que a aquella ciudad* (*Mt* 10, 14-15).

¿A qué vienen Sodoma y Gomorra? La historia de estas ciudades está narrada a partir del capítulo 10 del Génesis (el primer libro de la Biblia). Lot era sobrino de Abraham, habitaba en Sodoma y, en el trascurso de una guerra, fue hecho prisionero y llevado lejos de su casa. Cuando volvió, el lugar ya tenía fama de ser una ciudad de gente perversa. Dios reveló a Abraham su próxima destrucción por medio de fuego y azufre, porque su pecado era muy grave e irreversible. Abraham intercedió por la ciudad y Dios le puso finalmente como condición bastaba con que encontrar diez justos para no acabar con ella. Fue tarea imposible y la ciudad fue destruida.

Con todo, Dios envió antes a unos ángeles para salvar a Lot y a su familia. Le avisaron: tenía que salir inmediatamente de allí. Él lo comunicó a sus yernos, pero estos pensaron que bromeaba y no le creyeron. Marchó solo con su mujer y sus hijas. Los ángeles le dieron instrucciones de que pasara lo que pasara no mirasen atrás: de hacerlo se convertirían en estatuas de sal.

Después de que los ángeles los sacaran de Sodoma, Dios envió una lluvia de fuego y azufre que incineró completamente la ciudad con sus habitantes. La mujer de Lot, en su huída, no pudo acallar su curiosidad y se volvió para mirar atrás, cumpliéndose al momento la profecía del ángel.

Mediante la narración de la destrucción de Sodoma, en el fondo, aprendemos lo destructivo que es el pecado y también la curiosidad malsana.

Sin embargo, en el evangelio de hoy, Jesús advierte de que algunos pueden sufrir un castigo aún mayor que el de Sodoma: son aquellos que no le han querido escuchar.

Dicho de otra manera, es grave vivir entregado al pecado, pero es mucho más grave no escuchar a las personas que Dios nos envía: padres, hermanos, maestros, sacerdotes, profesores... Eso merece un castigo más severo.

Por eso, si malo es el pecado, peor es no escuchar.

3. Es muy probable que te des buena cuenta de que, con tu actual nivel de formación, la sociedad te comerá: demasiados *inputs* en contra. Por eso, para solucionarlo, concreta.

Quizás un primer proyecto pueda ser, simplemente, leer una buena novela. Como decía Vallejo-Nágera: «En el clima de frivolidad intelectual que nos envuelve, la idea de leer a un autor clásico da pereza, y si, para colmo, el escritor es un santo, la mayoría salen corriendo. He de hacer una corrección: salimos corriendo. En honor a la verdad, no siempre merezco excluirme. Es una conducta absurda, porque cada vez que un autor clásico me pilla por sorpresa quedo atrapado y no logro abandonar su lectura»[1]. Leer cuesta, pero si haces el esfuerzo verás

---

[1] J. A. VALLEJO-NÁGERA, *Color en un mundo gris y otros artículos*, 229-230.

cuánto forma tu cabeza y tu sensibilidad. Busca gente que te pueda asesorar bien: buenos libros, excelentes novelas, que te construyan como persona.

También puedes concretar otros propósitos: comenzar a ir a una charla de formación cristiana, leer todos los días quince minutos un libro espiritual, acudir a la confesión frecuente o a la dirección espiritual...

Toma nota de lo que decidas en tu diálogo con Dios y empléate en ello. Verás cuánto te ayuda.

DECIMOCUARTA SEMANA. VIERNES

1. La complejidad: el ataque de los lobos interiores.
2. Evitar ser enredador.
3. Somos hijos de la Iglesia.

1. Hay gente muy complicada: supercomplicada, hiper-complicada, metacomplicada. En general, suele ser agotador tanto para los que lo sufren como para quienes los rodean.

La persona compleja y de buen corazón suele estar bastante acostumbrada a sufrir. Cuando algo malo sucede comienza a hacer hipótesis sobre lo que ha podido ocurrir, cómo se sienten los demás, qué es lo que se les pasa por la cabeza, que pasará después... y no aciertan a encontrar consuelo en su complejidad.

Asimismo, juzgan de este modo sus propias decisiones: mientras toma una determinación, pondera si la contraria no será más adecuada... y una vez tomada, no acaba de abandonar la idea alternativa. Por ejemplo, si al ir al trabajo se topa con un mínimo atasco comienza a castigarse pensando que debía haber elegido otro camino, o haberse desviado a tiempo, o haber hecho uso del transporte público.

Ser enrevesado hace difíciles las relaciones entre las personas porque la propia falta de sencillez se proyecta al prójimo. Se buscan con frecuencia dobles intenciones y es habitual encontrar insatisfacción con casi todo. No hay nada perfecto para el hombre o la mujer compleja, porque portan consigo una inseguridad e insatisfacción que atraviesa todo su pensar y obrar.

La complejidad, por último, genera falta de sinceridad con los propios sentimientos. Tan pronto se está contento como triste; se pasa de un estado a otro sin solución de continuidad, cuesta aclararse con uno mismo. El corazón de las personas complicadas llega a cansarse de sí mismo, y ellas pueden incluso –en momentos de agotamiento– exclamar con cierta sensación de desolación: «¡es qué no me entiendo!».

Mirad que yo os envío como ovejas entre lobos; por eso, sed sagaces como serpientes y sencillos como palomas (*Mt* 10, 16). Esta es la primera consideración para nuestra oración: hay lobos que nos quieren hacer perder y no siempre están lejos o fuera, sino muchas veces dentro de nosotros. Pídele a Dios no tomarte muy en serio, para ser así sencillo como una paloma.

2. Para crecer en la preciosa virtud de la sencillez, es necesario evitar, en cuanto sea posible, ser enredadores. La persona enredadora es la que tiene siempre dobles intenciones, y no es pura en sus pretensiones. Son los que antes de pedirte un favor te preguntan qué vas a hacer por la tarde de modo que, en caso de responder «nada», vayas a quedar muy mal si no les haces el servicio que te piden.

Además, son personas que hacen uso más o menos implícito de los secretos de sus amigos, de modo que son capaces de disponer a unos a favor y a otros en contra. En este sentido, la persona complicada que no se reprime o no aprende a reírse de sí misma puede llegar a ser una maquinadora nata, amiga de pequeños círculos y de comentarios por lo bajo. En resumen, lo que toca, lo enreda. Y ¿has visto la pena que da un pajarillo atrapado en una red?

La sencillez tiene mucho que ver con la verdad y la humildad: reconocer las cosas tal como son. Ayuda mucho a ser sencillo hacer oración todos los días: hablar con Dios y confrontar con Él las cosas que nos pasan, dejarlo todo en sus manos, y pedirle que nos descomplique: «¡ayúdame Tú!».

Jesús es muy comprensivo con nuestras cosas, y aunque en ocasiones no seamos ni de lejos capaces de comprendernos a nosotros mismos... Él siempre nos entiende.

3. Ayuda a ser sencillo saber que la Iglesia es nuestra Madre. Santa Teresa de Jesús, antes de entregar su alma a Dios, simplificó un momento tan delicado con una expresión llena de amor y abandono: «muero al fin hija de la Iglesia católica».

Tranquiliza mucho confiar en nuestra Madre la Iglesia. Ella sabe lo que necesitamos, nos da objetividad en la fe, y nos recuerda qué es lo verdaderamente importante. Ella nos guarda de los lobos que nos acechan por fuera y de aquellos que nos atacan por dentro. Jesús ha sido muy claro en el evangelio: hay persecuciones, pero el Espíritu –la Iglesia que Él habita– os acompaña. ¡Ten buen ánimo en esta lucha!

Por otro lado, es profundamente consoladora la palabra del director espiritual o del confesor. Ellos tienen mucha experiencia, y conocen muy bien lo que les pasa a las personas: quitan hierro a las cosas, objetivan los problemas, los ponen en su lugar, y escuchan nuestros desahogos.

Considera la idea de tener un buen director espiritual y recuerda que, como recomendaba san Francisco de Sales: «Debes poner en Él una confianza sin límites, unida a un gran respeto, de tal modo que el respeto no disminuya la confianza y la confianza no quite el respeto. Ábrete a él con el respeto de una hija delante de su padre, preséntate delante de él con la confianza de un hijo delante de su madre. Por decirlo brevemente: debe ser una amistad fuerte y dulce, santa, sacra, digna de Dios, divina, espiritual». Y añade al final: «Te repito, pídele a Dios un director espiritual, y una vez que lo hayas encontrado, bendice a su divina majestad, acércate a él y no busques otros; y háblale con simplicidad, humildad y confidencia; así el tuyo será un viaje feliz»[1].

---

[1] S. Francisco de Sales, *Filotea. Introducción a la vida devota*, 30-31.

DECIMOCUARTA SEMANA. SÁBADO

1. ¡No tengáis miedo!
2. El miedo puede hacer que nos desanimemos en el seguimiento de Cristo.
3. Ser valientes en el testimonio: Dios da fuerza.

1. Juan Pablo I había muerto repentinamente dejando tras de sí uno de los pontificados más breves de la historia. Los cardenales se reunieron de nuevo para elegir al encargado de llevar el timón de la Iglesia. Como siempre, los romanos y curiosos que paseaban por la Urbe esperaban que de la chimenea saliera el humo blanco que indica la elección del nuevo papa. Muchas veces, desde la Plaza no se distingue bien el color: hay confusión y la ciudad se agita. Esta vez era cierto: es *fumata bianca*, ¡hay nuevo papa!

La plaza de san Pedro se comenzó a llenar de gente. Es una construcción maravillosa: dos largas filas de columnas en forma de elipse que se abren como inmensos brazos capaces de acoger dentro de sí a toda la Iglesia. Aquel día de octubre de 1978 toda ella estaba simbolizada en los que se recogían en esa inmensa construcción de Bernini, bajo de la galería exterior/logia donde debía asomarse el nuevo sucesor de Pedro.

Se asomó el cortejo y el cardenal protodiácono inició su anuncio: *Annuntio vobis gaudium magnum... ¡habemus papam!* La sorpresa fue mayúscula cuando se oyó su nombre: *Karolus cardenal Wojtyla.* Los entendidos lo conocían, pero a la gente de a pie les sonó raro. ¿Será un africano? La inquietud era creciente: hacía muchas decenas de años que el papa venía siendo italiano... Gran expectación.

Fue entonces cuando salió al balcón el hasta entonces cardenal de Cracovia, Karol Wojtyla, que se puso por nombre Juan Pablo II. Desde el primer día de su ministerio comenzó a encender los corazones de sus fieles en deseos de amor y fidelidad. En este mismo escenario, en la Misa de inauguración del Pontificado, clamó con voz fuerte: «¡No tengáis miedo! ¡Abrid... más aún, abrid de par en par las puertas a Cristo!».

No tengáis miedo a los que matan el cuerpo, pero no pueden matar el alma (*Mt* 10, 28) nos ha dicho el Señor en el evangelio de hoy. Esto nos proponemos en nuestro primer rato de oración: desterrar el miedo de nuestra vida; el miedo a Dios, al futuro, a la gracia, al compromiso... ¡lejos de nosotros! «Jesús, podemos decirle, entra hoy sin tardar hasta el fondo de mi alma. Contigo no habrá más inquietud. Contigo, todo es confianza».

2. Los discípulos navegaban con mala mar en Tiberíades cuando vieron dirigirse hacia ellos a Cristo caminando sobre las aguas. Al principio pensaron que se trataba de un fantasma, pero al escuchar su voz se convencieron de que era Él. Pedro le pidió poder acercársele; y se lo concedió. Sin embargo, un poco de viento y unas olas un pelín más fuertes... le hicieron perder confianza. Dudó. Fue el miedo ante las dificultades lo que hizo que su fe se tambaleara: y comenzó a hundirse.

Fue también el miedo lo que llenó los corazones de los discípulos en ese mismo lago un día de tormenta. Jesús dormía al fondo de la barca, tan cansado estaba. En situación desesperada le despertaron agitados, con una pregunta que suena hiriente a los oídos del que ama: *Maestro, ¿no te importa que perezcamos?* (*Mc* 4, 38). Porque el miedo nos hace muchas veces echar en cara a Dios nuestra propia falta de fe.

Finalmente, el miedo a perder la vida, la fama, lo poco que tenían o cualquier otra cosa fue lo que les separó de Cristo en el momento decisivo de la Pasión: entre los Doce, solo Juan fue valiente. Tuvieron en más su cuerpo que su alma, sus cosas que sus amores, sus preocupaciones que las de Dios.

Pídele a Dios Padre que quieres amar la gracia de Dios por encima de todo: que quieres ser valiente en el seguimiento de su Hijo. Pídele su gracia. Confía en Él: es todopoderoso.

Pídele a Cristo que las dificultades no te hagan dudar. Confía más. Abandónate en Él con renovado vigor y no te hundirás en tu maravillosa vocación de caminar con Cristo sobre las aguas de este mundo.

Pídele al Espíritu Santo que te haga humilde para despertarle dentro de ti cuando llegue la tormenta, de modo que puedas luchar con su ayuda contra todas esas cosas que te entristecen.

3. Jesús nos pide una cosa: *A quien se declare por mí ante los hombres, yo también me declararé por él ante mi Padre que está en los cielos. Y si uno me niega ante los hombres,* *yo también lo negaré ante mi Padre que está en los cielos* (*Mt* 10, 32-33).

Nuestro Señor nos quitará el miedo en la medida en que nos pongamos de su parte. Cuando estamos convencidos de su doctrina, enamorados de Él, persuadidos del profundísimo cuidado de Dios Padre sobre cada uno de nosotros, no es difícil decir aquello que pensamos y luchar por mantener nuestra fe.

Hay miedo cuando dudamos, cuando no nos fiamos, cuando dejamos que nuestra alma se enfríe. El Señor es duro: dice que a los que no se pongan de su parte aquí en la tierra, Él tampoco los reconocerá en el juicio final. Compensa fiarse de Él, dar testimonio, ser audaces, no tener miedo: porque la vida es mucho más sencilla así; porque nos espera entonces la recompensa eterna.

Hay, finalmente, miedo cuando despiertan los fantasmas del pasado, culpables o no culpables. Un acontecimiento sufrido durante la infancia del cual uno no es en absoluto responsable, o bien un pecado de juventud, torpeza total, cometido por la embriaguez de una mocedad no siempre del todo sana. En todo caso, imágenes del pasado que turban y nublan la vista y la conciencia. También en esos casos Cristo quiere aparecer en tu vida para que tú puedas testimoniar delante de quien quiera escucharte, que su amor es perdón y, además, infinito. Así, reconociendo la acción de Dios contigo (del Dios con nosotros), te pondrás muy eficazmente de su parte delante de los hombres.

DECIMOQUINTO DOMINGO. CICLO A

1. Ni mala tierra, ni buena... la respuesta es cada día.

2. La semilla que da fruto.

3. El ciento.

1. ¿Cuántas veces tendrá que salir el divino sembrador para que la semilla crezca en nosotros? ¿Somos nosotros aquellos que tienen ojos ciegos y mente embotada; dureza de corazón; incapaces de ver lo que otros ven, insensibles a la audición de lo importante? Porque el sembrador es Cristo mismo, la semilla es su palabra y nosotros somos ese suelo, capaz de producir treinta, sesenta, cien... o absolutamente nada.

Es fácil referir esta parábola a los demás, o encasillar y encasillarse con gran naturalidad. «Yo soy tierra que produce treinta; tú eres tierra superficial, como la que está al borde del camino; y aquel chico –¡tan bueno!– es de los que produce cien». No te diré que es mentira –de hecho luego hablaremos de algunos que dieron mucho fruto– solo te comentaré que, a priori, me parece inexacto. Porque unas veces somos lugar infecundo para la gracia de Dios, otras no hay mejor labranza y la mayor parte de las ocasiones estamos dando a veces diez, a veces cien. Somos así.

¿Cuántas convivencias, encuentros mundiales de la juventud, santuarios marianos o ejercicios espirituales te hicieron, aparentemente, «apóstol de hierro»? ¿Cómo eran entonces tus ganas por cambiar, por mejorar, por amar más a Dios y a los demás, especialmente a los pobres y necesitados? ¿No te ha ocurrido decenas de veces? ¿Y?

La semilla cayó muchas veces en la superficial tierra de tu alma. Crecieron los propósitos, aumentaron los deseos, llegaste incluso a plantearte la voluntad de Dios sobre tu vida... y las zarzas del día a día, las malas hierbas de amistades tibias –no malas; solo tibias– agostaron la fecundidad del amor divino.

«No siempre ha sido así», podrás decirme. Y es verdad: porque desde la JMJ –o lo que quieras poner– un pequeño y beneficioso germen se ha instalado en tu alma, agitándote de tanto en tanto cuando, sin saber muy bien por qué, algo o alguien te recuerda que eres para Él. Se ve que parte de la semilla cayó en tierra buena.

¿Cuál es pues nuestra tarea? *Así dice el Señor*, reza la primera lectura, *como bajan la lluvia y la nieve desde el cielo, y no vuelven allá sino después de empapar la tierra, de fecundarla y hacerla germinar, para que dé semilla al sembrador y pan al que come, así será la palabra que sale de mi boca; no volverá a mí vacía, sino que hará mi voluntad y cumplirá mi encargo* (*Is* 55, 10-11).

¿Qué nos queda? Tener más fe; llegar a convencernos, de que *la semilla cayó en tierra buena y dio fruto*; no tanto por la fecundidad de la tierra como por el poder de su palabra.

2. Pensaba aquel párroco que no solo Cristo es el sembrador sino también esos otros cristos que esparcen de mil modos la simiente: las madres, los padres, los sacerdotes... el cristiano. Lo meditaba despacio la tarde en que nadie quiso acompañar a Jesús sacramentado. Era la hora de la exposición al Santísimo y cero el número de asistentes. El buen sacerdote salió a la calle, urgido por el evangelio y pescó a tres muchachos. A dos los conocía; al otro, no. Ninguno sabía, no ya rezar la visita al Santísimo, sino ni siquiera el avemaría o el gloria... pero entraron. Ayudaron con mucha dignidad y fueron bautizados en el interior del corazón del pastor con tres nombres bellísimos. Ellos serían Garelli, Rua y Savio.

Bartolomé Garelli fue el primer miembro del oratorio de san Juan Bosco. El santo piamontés sembró su semilla –que era idéntica a la de Dios, porque no tenía otra voluntad que la suya– en el alma de este joven. Con motivo de un malentendido, Bosco pudo llegar a hablar de Jesús al muchacho harapiento y pobre que no tenía futuro alguno. Sin padre ni familia, sin trabajo, recibió todo de don Bosco, o sea, de Dios, porque venía a ser lo mismo: agente e instrumento, sembrador y semillero, Dios y pastor. De Garelli no sé mucho más, sino que fue el primero de una lista nunca interrumpida, pues se cuentan por miles los que forman hoy los hijos de don Bosco: los salesianos. Aunque sea aventurado, podemos decir que Garelli fue esta tierra buena que dio, al menos, treinta.

Sesenta, o mucho más, fue lo que produjo Miguel Rúa. Perdió a su padre con seis años, pero esa dolorosa providencia del Dios Amor le puso delante otro padre para esta vida y la venidera. Conoció al santo en el oratorio donde rezaban y jugaban, juntos permanecieron para siempre. El día de su ordenación sacerdotal, al atardecer, recibió esta notita de don Bosco:

«Tú verás mejor que yo la Obra salesiana crecer hasta los confines de Italia y establecerse en muchas partes del mundo. Tendrás mucho trabajo y mucho sufrimiento, pero –tú lo sabes– solo a través del Mar Rojo y el desierto se alcanza la Tierra Prometida. Sufre con coraje; que también por ese camino no te faltarán las consolaciones y las ayudas por parte del Señor».

La palabra del santo se cumplió y Rúa vio crecer la semilla por todo el mundo como Rector mayor de los Salesianos. Todo porque un día –siempre– se fio de Dios. Todo porque un día –siempre– se fio del sacerdote.

3. Ciento, o infinito, quien lo sabe, fue el fruto de Domingo Savio. Muerto a la edad de catorce años, fue santo, amigo de santos. A la edad de siete años, tomó las siguientes determinaciones tras recibir la primera comunión:

«Resoluciones tomadas por mí, Doménico Savio, en el año de 1849:
Me confesaré a menudo, y comulgaré tan frecuentemente como mi confesor lo permita.
Deseo santificar los domingos y fiestas en forma especial.
Mis amigos serán Jesús y María.
Prefiero morir antes que pecar».

Domingo murió mientras su padre recitaba las oraciones oportunas para quien está en trance de muerte.

Unas palabras brotaron de su boca antes de entregar su espíritu. Exclamó: «Estoy viendo cosas maravillosas».

Nosotros también. Cosas verdaderamente bellas. «Es la santidad de la tierra que da ciento por uno». Bonita, ¿no? Impresiona su eficacia, pero sobre todo cautiva su belleza.

«¿Levantar magníficos edificios?... ¿Construir palacios suntuosos?... Que los levanten... Que los construyan.

¡Almas! - ¡Vivificar almas..., para aquellos edificios... y para estos palacios!

¡Qué hermosas casas nos preparan!»[1].

¿No te parece estremecedoramente bella la tarea de secundar la voluntad de Dios? *Lo sembrado en tierra buena significa el que escucha la Palabra y la entiende; ese dará fruto y producirá ciento o sesenta o treinta por uno.*

Que entienda, Señor, que entienda.

---

[1] *Camino*, 844.

DECIMOQUINTO DOMINGO. CICLO B

1. Cristo sigue enviando misioneros que den a conocer su nombre.

2. Confía más en Dios y encontrarás muchos apoyos.

3. Cristo entre los pobres y necesitados.

1. Fray Junípero Serra nació en Mallorca en 1713 y llegó a ser conocido como el apóstol de California. Fue incansable en la predicación del evangelio: de pueblo en pueblo, de aldea en aldea; padeció incomprensiones, sufrió incluso la mordedura de una alimaña que lo dejó cojo... pero nada le hizo detenerse en su deseo de anunciar la salvación. Ardía en deseos de que los hombres conocieran a Cristo.

Sufrió en el cuerpo; sufrió en el alma; sufrió como los primeros cristianos: abandono, persecución, maltrato físico... e incluso más: porque los inicios de nuestra fe sucedieron en el conocido entorno del Mediterráneo, mientras que la evangelización de la desértica costa oeste americana iba pareja a su exploración. Fray Junípero se movía en una tierra hostil, extraña, donde nadie –absolutamente nadie– recogía tu cuerpo si caías en el camino.

En el evangelio de hoy, leemos que Cristo envía a los Doce a predicar. Desde entonces hasta hoy, decenas de miles de hombres y mujeres han salido de sus casas a anunciar la verdad y el amor de Dios. Gracias a los misioneros, millones de personas tienen hoy la misma fe que tú: fue su generosidad y la gracia de Dios lo que hizo plantar y crecer la semilla en tierras muy lejanas. Así que, en primer lugar, vamos a agradecérselo: a Dios y a quienes supieron decir que sí.

Hoy mucha gente ve con complacencia su labor. Les parece que es semejante a un quehacer humanitario y ciertamente lo es: porque el trabajo más humano que podemos realizar es acercar a los hombres a Dios. Los misioneros se preocupan íntegramente de los suyos: de su cuerpo y de su alma, del vestido que cubre su cuerpo y de la gracia que adorna su alma.

Por nuestra parte, también nosotros somos misioneros del mundo que nos rodea cuando nos preocupamos sinceramente de los demás: del bienestar del cuerpo y de la salvación del alma.

No te excluyas del número de los elegidos por Cristo y entiende como dirigidas a ti las palabras del evangelio: «ve tú también a predicar a todas las gentes». ¿O acaso piensas ocultar tu condición de hijo de Dios?

2. El Padre Junípero y otro compañero –según cuenta Willa Cather en *La muerte llama al arzobispo*– habían llegado a un convento sito en aquellas áridas tierras a pie y sin provisiones. Los frailes los recibieron asombrados: les parecía imposible que hubieran podido cruzar una extensión tan grande de desierto, porque la misión más cercana estaba demasiado lejos como para haber hecho el trayecto en un solo día.

El superior les preguntó de dónde venían y añadió que no deberían haberles permitido ponerse en camino sin guía ni provisiones. Se maravillaba de que hubieran conseguido llegar vivos. Fray Junípero replicó que habían hecho muy buena jornada, siendo atendidos muy amablemente en el camino por una pobre familia mexicana. Al mozo de mulas, que estaba ahí metiendo leña para los frailes, le entró la risa: ¡no hay ninguna casa ni nada en absoluto en ese desierto de arena en doce leguas a la redonda! Fue entonces cuando el buen fraile les contó con detalle su historia.

Habían salido con suficiente agua y pan para un día. Llevaban ya dos días de camino por un desierto de cactus y espinos y habían empezado a desanimarse cuando, a punto de ponerse el sol, divisaron en la distancia tres grandes álamos, muy altos. Hacia ellos se apresuraron. Allí encontraron a un amable mexicano vestido con pieles de oveja, que les saludó cortésmente. Entraron en su casa, limpia, sencilla, agradable. La esposa era una joven muy bonita que preparaba unas gachas al fuego. El hijo, apenas un bebé, jugaba en el suelo con un pequeño corderillo. La cena fue una delicia: por la comida, por la compañía, por la conversación.

Hicieron sus rezos vespertinos y se retiraron a dormir. A la mañana siguiente no encontraron a nadie en el lugar y, suponiendo que habían salido a trabajar, los misioneros dejaron, en silencio y agradecidos, el hogar que los había cobijado.

Fray Junípero salió del convento sin ninguna seguridad de que conseguiría llegar a término: escasa comida y un cálculo de distancias irreal. Su intento merece una sola calificación a los ojos del sentido común: locura.

Sí, lo era. Loco de amor a Jesucristo, loco de amor de Dios. Junípero sabía que con Él podría; que no caminaba solo y Dios pondría los medios.

Sobrecoge su optimismo que casi tiene más que ver con la temeridad que con la razón. Su alma, igual que la de todos los santos, era ajena al pesimismo y estaba colmada de gracia. También la tuya ha de estarlo; «llénate de confianza en Dios y ten, cada día más hondo, un gran deseo de no huir jamás de Él»[1].

3. Los hermanos del convento se quedaron asombrados. En efecto, los tres álamos juntos en el desierto era un lugar bien conocido, pero nadie habitaba allí; de haber alguien, debían ser moradores muy recientes. El padre Junípero y su compañero, el padre Andrés, con algunos frailes y el mozo de mulas se pusieron en camino para comprobar si, de hecho, aún estaba allí la familia que les había tributado tan honorable hospitalidad. Encontraron, en efecto, los tres árboles: pero nada de casa alguna ni horno ni muestra en absoluto de haber habitado allí nadie jamás.

A la vista de los hechos, el padre Junípero cayó en la cuenta de lo que había sucedido: sobrecogido por lo sobrenatural, se echó al suelo besando la tierra y confesó tener impresión cierta de haberse hospedado, la noche anterior, con la Sagrada Familia. La dulzura de la madre, la ternura de aquel niño y la hospitalidad del padre le habían llamado poderosamente la atención, y con razón.

---

[1] *Forja*, 214.

Eran san José, la Virgen y el Niño hechos presentes de nuevo en la historia de los hombres como pobres entre los pobres, en el lugar más remoto de la tierra donde los mismos ángeles tendrían dificultad en encontrarlos.

Desde entonces hasta hoy, los misioneros mayores cuentan esta preciosa historia a los más jóvenes para que aprecien las misericordias de Dios y no olviden nunca que Él está especialmente presente entre los pobres y necesitados: *cuando lo hicisteis con uno de estos mis humildes hermanos, conmigo lo hicisteis* (*Mt* 25, 40).

Si quieres ser discípulo de Cristo, procura no dejar de hacer un hueco en tu vida para visitar a pobres y enfermos. Invita a tus amigos. Será una obra de caridad que harán ellos contigo. No es un pasatiempo: forma parte de tu misión, porque en los que sufren y en los enfermos, en los hambrientos y en los sedientos está el rostro de Dios.

DECIMOQUINTO DOMINGO. CICLO C

1. *La prontitud de la respuesta formada.*

2. *Dar culto a Dios es servir a los demás con espíritu generoso.*

3. *No deis solo lo superfluo, dad vuestro corazón.*

1. Son sorprendentes los reflejos de Jesús. Cuando el maestro de la ley, preocupado por el qué dirán, pregunta a Cristo quién es el prójimo, Jesús lo explica mediante una parábola en la que cada uno de sus términos y expresiones están perfectamente calculados. ¿La tendría ya pensada de antes?

Creo que es bueno que nos detengamos en tales consideraciones; que se lo preguntemos. Es posible que Jesús anduviera pensando hace tiempo cómo explicar en términos claros qué significa prójimo. Es verdadero hombre y no resulta irracional considerar que, de un modo semejante a nosotros, madurara tales pensamientos mientras paseaba por Galilea. Había comprobado en miles de ocasiones cómo samaritanos y judíos no se hablan; aún más, se desprecian. Era consciente de que poner como ejemplar a un samaritano subrayaría la identidad del prójimo: poco importan las enemistades de unos y otros. El prójimo es el próximo: samaritano, judío, árabe o ario. Lo mismo da.

Estoy convencido de que tampoco fue fortuita la elección de los personajes que completan la narración. Un levita y un sacerdote, o sea, dos expertos en las cosas de Dios. El Señor, con imágenes, alerta acerca de la peligrosísima desconexión que puede producirse entre lo que es de Dios y lo que es de los hombres, tornando la religiosidad en inauténtica.

Finalmente, considera también como perfectamente calculado el modo en que el samaritano atiende a la víctima. Le dedica, al inicio, sus amorosas atenciones; luego vuelve a sus ocupaciones y encarga esta labor al posadero. No es falta de caridad dejar al necesitado en manos de otro para ocuparse de las obligaciones: lo contrario sería un desbarajuste, porque la caridad es siempre ordenada.

Y ahora me pregunto si tú y yo tenemos algo de ese conocimiento de Dios e interés por los hombres que tenía Cristo y que le permitía estar pronto a responder. Esa capacidad mana en nosotros como fruto de la formación y de la presencia de Dios, de la oración y de la preocupación sincera por el prójimo. ¿Aprovecho mis días de verano para crecer en cada uno de estos aspectos?

2. El papa Benedicto XVI comentó este pasaje evangélico durante una de sus estancias veraniegas en Castelgandolfo. Comenzaba su reflexión dando gracias a Dios «que me ofrece esta posibilidad de descanso»[1] (a pro-

---

[1] Benedicto XVI, *Angelus* (11-7-2010).

pósito, puede ser un buen momento para agradecer al Señor las bellas jornadas que nos ofrece para reponer fuerzas).

«El evangelio de este domingo se abre con la pregunta que un doctor de la Ley plantea a Jesús: "Maestro, ¿qué he de hacer para tener en herencia la vida eterna?" (*Lc* 10, 25). Sabiéndole experto en Sagrada Escritura, el Señor invita a aquel hombre a dar él mismo la respuesta, que de hecho formula perfectamente citando los dos mandamientos principales: amar a Dios con todo el corazón, con toda la mente y con todas las fuerzas, y amar al prójimo como a uno mismo. Entonces, el doctor de la Ley, casi para justificarse, pregunta: "Y ¿quién es mi prójimo?" (*Lc* 10, 29). Esta vez, Jesús responde con la célebre parábola del "buen samaritano" (cfr. *Lc* 10, 30-37), para indicar que nos corresponde a nosotros hacernos "prójimos" de cualquiera que tenga necesidad de ayuda. El samaritano, en efecto, se hace cargo de la situación de un desconocido a quien los salteadores habían dejado medio muerto en el camino, mientras que un sacerdote y un levita pasaron de largo, tal vez pensando que, al contacto con la sangre, de acuerdo con un precepto, se contaminarían. La parábola, por lo tanto, debe inducirnos a transformar nuestra mentalidad según la lógica de Cristo, que es la lógica de la caridad: Dios es amor, y darle culto significa servir a los hermanos con amor sincero y generoso»[2].

No dejes de pedir al Señor en este rato de diálogo íntimo que transforme tu mentalidad, que te ayude a dejar de lado tu lógica –de mayor beneficio con menor

---

[2] *Ibid*.

coste, de placer propio, de egoísmo– y cambiarla por la lógica de Cristo.

3. Inspirados en la narración del buen samaritano, se puede afirmar que el programa cristiano enseñado por Jesús consiste en la formación de corazones capaces de ver dónde se necesita amor y de actuar en consecuencia[3].

La simpatía deja entonces de ser una cualidad relevante para quien desea vivir transido por la caridad. En efecto, sentir lo mismo que sienten los otros es el mejor vehículo para hacerse cargo de sus necesidades. Así trató de vivir san Pablo, y a ello exhortó a los Romanos: *alegraos con los que están alegres; llorad con los que lloran. Tened la misma consideración y trato unos con otros, sin pretensiones de grandeza, sino poniéndoos al nivel de la gente humilde* (*Rm* 12, 15-16).

Aunque no te lo parezca, eso tiene mucho que ver con la capacidad de ser vital, entusiasta, metido en el mundo, dispuesto a participar de la ilusión de tus contemporáneos. Alégrate con los demás. Disfruta de sus alegrías. Sonríe siempre. El hombre o la mujer que vive la caridad no es –ni puede ser– sombrío o apagado: la sonrisa dibujada en su rostro es la expresión exacta de su enorme deseo de vivir y de dar vida. Quien sonríe revela un corazón vivo; y es posible que el mismo hecho de iluminar el rostro con la sonrisa pueda tornar el estado del alma de la tristeza al gozo. «Debe haber un cable, desconocido por los anatomistas, que comunica el corazón con los labios, de manera que cuando el cora-

---

[3] Cfr. BENEDICTO XVI, *Deus Caritas est,* n. 31.

zón sonríe, el rostro se ilumina de alegría. (...) Hay que probar a sonreír. Quizá ese cable desconocido funcione también en sentido inverso. Quizá el que se proponga sonreír a todos, acabe por hacer que su corazón descanse»[4].

Hay quien piensa que la caridad significa dar «desde arriba», servir a los demás desde un pedestal, como subido a una escalera. Pero tú mismo te das cuenta de que no es así. En tal caso, se echan las migajas de una caridad mal entendida, que habla más de limosna de lo que sobra que de la entrega del corazón. Escucha, por último, el sabio consejo de santa Teresa de Calcuta: «no deis solo lo superfluo, dad vuestro corazón».

---

[4] A. SANZ, *Pasión por la verdad*, 125-127.

DECIMOQUINTA SEMANA. LUNES

1. *Jerarquía en los afectos.*
2. *Sentido de la vida.*
3. *¿Cerdo o gallina?*

1. El evangelio de hoy resulta siempre chocante a los oídos de los hombres, como debió resultar a quienes lo oyeron por primera vez de labios de Jesús. Leído de una manera rápida y superficial parece que el Maestro contrapone los vínculos de la familia, de la sangre, al hecho de seguirle a Él. En cierto modo resultan unas palabras «antinaturales». Pero no es ese el sentido de esas palabras, sino una explicitación de aquel primer mandamiento dado ya a Moisés: *amarás a Dios sobre todas las cosas*.

Cuando Jesús afirma en el texto de hoy que ha venido a sembrar espada en el seno de las familias y que para seguirle hay que renunciar al amor de padres e hijos, «naturalmente, con esto Jesús no quiere cancelar el cuarto mandamiento, que es el primer gran mandamiento hacia las personas. Los tres primeros son en relación a Dios, y este en relación a las personas. Y tampoco podemos pensar que el Señor, tras realizar su milagro para los esposos de Caná, tras haber consagrado el vínculo conyugal entre el hombre y la mujer, tras haber restituido hijos e hijas a la vida familiar, nos pida ser insensibles a estos vínculos. Esta no es la explicación. Al contrario, cuando Jesús afirma el primado de la fe en Dios, no encuentra una comparación más significativa que los afectos familiares. Y, por otro lado, estos mismos vínculos familiares, en el seno de la experiencia de la fe y del amor de Dios, se transforman, se "llenan" de un sentido más grande y llegan a ser capaces de ir más allá de sí mismos, para crear una paternidad y una maternidad más amplias, y para acoger como hermanos y hermanas también a los que están al margen de todo vínculo. Un día, en respuesta a quien le dijo que fuera estaban su madre y sus hermanos que lo buscaban, Jesús indicó a sus discípulos: *Estos son mi madre y mis hermanos. El que cumple la voluntad de Dios, ese es mi hermano y mi hermana y mi madre* (Mc 3, 34-35).

(…) La invitación a poner los vínculos familiares en el ámbito de la obediencia de la fe y de la alianza con el Señor no los daña; al contrario, los protege, los desvincula del egoísmo, los custodia de la degradación, los pone a salvo para la vida que no muere»[1].

En el fondo lo que Jesús nos enseña es una jerarquía de los afectos. Nos preocupamos a menudo de lo que pensamos o hacemos, y nos examinamos de ello; pero pocas veces nos preguntamos por lo que sentimos o deseamos. Ahí es donde Dios tiene que ocupar el primer lugar, que el cumplimiento de la voluntad –amor a Dios manifestado en obras– sea el timón de nuestra vida.

---

[1] Papa Francisco, *Audiencia* (2-9-2015).

2. Pero hay en el evangelio de hoy otra palabra de Jesús que nos impacta siempre: *el que encuentre su vida la perderá, y el que pierda su vida por mí, la encontrará* (*Mt* 10, 39). ¿De qué nos está hablando Jesús? ¿Qué espera de nosotros?

«Hay aquí una síntesis del mensaje de Cristo, y está expresado con una paradoja muy eficaz, que nos permite conocer su modo de hablar, casi nos hace percibir su voz... Pero, ¿qué significa "perder la vida a causa de Jesús"? Esto puede realizarse de dos modos: explícitamente confesando la fe o implícitamente defendiendo la verdad. Los mártires son el máximo ejemplo del perder la vida por Cristo. En dos mil años son una multitud inmensa los hombres y las mujeres que sacrificaron la vida por permanecer fieles a Jesucristo y a su evangelio. Y hoy, en muchas partes del mundo, hay muchos, muchos, muchos mártires –más que en los primeros siglos–, que dan la propia vida por Cristo y son conducidos a la muerte por no negar a Jesucristo. Esta es nuestra Iglesia. Hoy tenemos más mártires que en los primeros siglos. Pero está también el martirio cotidiano, que no comporta la muerte pero que también es un "perder la vida" por Cristo, realizando el propio deber con amor, según la lógica de Jesús, la lógica del don, del sacrificio. Pensemos: cuántos padres y madres, cada día, ponen en práctica su fe ofreciendo concretamente la propia vida por el bien de la familia. Pensemos en ellos. Cuántos sacerdotes, religiosos, religiosas desempeñan con generosidad su servicio por el Reino de Dios. Cuántos jóvenes renuncian a los propios intereses para dedicarse a los niños, a los discapacitados, a los ancianos... También ellos son mártires. Mártires cotidianos, mártires de la cotidianidad»[2].

El papa nos lo ha recordado también muchas veces con otra frase gráfica: «quien no vive para servir no sirve para vivir». ¿Qué sentido tiene tu vida? ¿Gira en torno a los demás o por el contrario procuras satisfacer todos tus deseos? Lo que verdaderamente llena nuestra existencia es la entrega de ella. Hasta que no descubramos esto, estaremos buscando inútilmente la felicidad.

3. Jesús no se anda con rodeos, sabe que lo que pide es mucho –¡es todo!– pero no reduce la exigencia. Aunque a nuestro alrededor reine la mediocridad y el egoísmo no podemos ceder. Termino con una historia que me contaron hace tiempo y que nos puede ayudar, de manera divertida, a hacer examen de cómo estamos entregando la vida: «Había una vez una gallinita emprendedora que quería montar un negocio en la granja. Como había cada vez más animales en la granja tuvo la gran idea de montar un restaurante. Para llevar a cabo su idea necesitaba un socio. Así que se dirigió hacia el animal que más confiabilidad le daba: el cerdito.

—Hola Cerdito –le dijo la gallina. Quiero abrir un restaurante en la granja y he pensado que tal vez querrías ser mi socio.

—No sé –respondió el cerdito. ¿Y cuál sería el plato estrella del restaurante?

—¡Qué te parece huevos con jamón! –respondió la gallina.

---

[2] Papa Francisco, *Ángelus* (23-6-2013).

—No gracias. Creo que tú estarías involucrada, pero yo tendría que estar comprometido».

¿Tú te involucras o te comprometes? Dios no quiere solo unos minutos o unas dimensiones de tu vida. Te ha creado, te ha redimido, te ha dado tantas gracias que puede pedirte esto; tú libremente debes responder. Pero ojalá que esa respuesta no sea teórica, sino que se manifieste con hechos.

DECIMOQUINTA SEMANA. MARTES

1. Comparar ciudades o pueblos es cosa delicada.
2. Un ranking nada honroso.
3. Un orden que debes tener en cuenta en tu examen.

1. La primera vez que fue a Londres un muchacho de un pequeño pueblo de Aragón –y era la primera vez que salía de España–, al salir del metro en Trafalgar Square, dirigiéndose a otro amigo suyo, exclamó: «¡Caray, si aquí cabe todo nuestro pueblo!». Y se enzarzaron en una discusión comparando el Londres metrópoli y su pueblo al pie de la montaña. Comprendí que las comparaciones entre poblaciones es tema delicado, sobre todo porque, como en todas las comparaciones, siempre habrá quien se sienta ofendido. Por eso, es posible que las palabras de Jesús en el evangelio de hoy no cayeran nada bien a los habitantes de Corazaín, Betsaida y Cafarnaúm. No olvides que algunos de entre los Doce son de Betsaida; sin ir más lejos, Pedro, Andrés, Felipe, Santiago el de Zebedeo y su hermano Juan.

Por otra parte, las ciudades de Tiro y de Sidón son dos de las más importantes de la costa Fenicia, con gran relevancia comercial y poseedoras de una enorme riqueza. La primera de ellas fue fundada en torno al 2700 antes de Cristo, según el historiador Heródoto, y ejerció hegemonía sobre las demás ciudades fenicias hasta el siglo VI antes de Cristo. Especialmente célebre fue el asedio que llevó a cabo Alejandro Magno para conquistarla, viéndose obligado a construir un istmo artificial para tomar la parte insular de la ciudad que se le resistía con ferocidad. Todo esto te puede hacer una idea de la envidia y el desprecio que tendrían hacia ellas en ciudades tan pequeñas como Corozaín, Betsaida o Cafarnaúm. Ciudades estas últimas que son recordadas únicamente por la mención que de ellas se hace en el Nuevo Testamento, es decir, que si son algo en la historia, lo son por Jesús. No deja de ser irónico que le rechacen, siendo Él la única causa de que no pasen al olvido. Piénsalo. Porque tú y yo si somos librados del olvido es también porque Dios nos guarda en su memoria.

2. Pienso que las ciudades que menciona el Señor no las elige al azar, sino que cada una de ellas tiene un significado más profundo. Tiro y Sidón, como ya hemos señalado, son conocidas por tratarse de dos puertos comerciales de importancia, lugar de paso de mercancías y de riquezas que circulan de una mano a otra. También por ello, ciudades en las que florecen todo tipo de vicios y en las que contrastan las vidas de los ricos con las de aquellos que carecen de lo esencial. Bien pueden representar ambas la tentación de orientar la vida según el propio egoísmo, buscando solo las cosas materiales y su disfrute al margen de la vida espiritual. Por su parte, la ciudad de Sodoma representa en el Antiguo Testamento la acumulación de todas las maldades. Es la ciudad por excelencia que le da la espalda a Dios y a su ley, especialmente en lo tocante al uso de la sexualidad. El pecado de los sodomitas ha pasado a la historia precisamente como un atentado contra el orden natural dado por Dios.

Pues atiende bien a lo que dice Jesús en el evangelio: será más llevadero el día del juicio para Tiro o Sidón que para Betsaida y Corozaín, y Sodoma vivirá con menos angustia aquel trance que Cafarnaúm. No significa que los pecados de Tiro, Sidón o Sodoma carezcan de gravedad, sabemos lo serios que son. Sin embargo, por comparación con las faltas de Betsaida, Corozaín y Cafarnaúm quedan totalmente eclipsados. La incredulidad de estas tres ciudades, su carencia de fe, a pesar de los signos que han recibido para creer, es un pecado mayor que cualquiera de los otros. Esto nos enseña, entre otras cosas, el evangelio de la Misa de hoy. No olvides este orden que sugiere el mismo Señor con sus palabras.

3. Conviene que meditemos algo más sobre este orden en el pecado, un ranking nada honorable, que hemos señalado hace un momento y que se deduce de las palabras de Cristo en el evangelio. Más aún cuando parecen hoy especialmente aceptados por la mente de los hombres y mujeres de nuestro tiempo: ni el materialismo, ni el mal uso de la sexualidad, ni menos todavía la increencia se encuentran entre las faltas que la sociedad de hoy considera como reprobables. Más bien al contrario, parece que la norma de hoy en estos terrenos es cuanto más mejor, disfrutar sin importar cómo y cuanto más lejos de Dios mejor.

Cuando digo que es difícil consentir este orden lo digo pensando en nosotros, en los que seguimos a Jesús, o al menos intentamos hacerlo, y sí sabemos que son reprochables las cosas de que se acusa a las diferentes ciudades. Sin embargo hoy parece que los pecados contra la fe fueran, en lugar de los más graves, como habrían de considerarse a tenor del orden que venimos tratando, cosa de menos. Quizá no sea algo que se afirma tal cual, de manera explícita, pero que desde luego está presente en la práctica de manera abrumadora. Solo hace falta que pienses en la consideración que muchas veces se hace de los discursos que son contrarios a la doctrina de la Iglesia, ¡si hasta se los tilda de una expresión de madurez!

Sin embargo, piensa ahora en lo que te toca más de cerca. Mira a ver si en tu examen de conciencia te detienes de verdad a pensar en si has cumplido con los tres primeros mandamientos del Decálogo, y si has tenido en cuenta las obligaciones que se derivan de tu fe; o si, por el contrario, pasas directamente a lo que va del cuarto para abajo. No te olvides entonces al hacer tu examen de cada día del orden que hay en estos mandamientos y que coincide con el que extraemos del evangelio de hoy.

DECIMOQUINTA SEMANA. MIÉRCOLES

1. Ser sencillos para entenderlo todo.
2. El primer Sí mayúsculo fue el de María.
3. Otro sí grande: el del huerto de los olivos.

1. Tenía la impresión de haber sido tremendamente aburrido. Juan Luis había empezado a colaborar desde hacía poco en las charlas a matrimonios jóvenes: se preparaba a conciencia y confiaba su eficacia al Espíritu Santo. Aquel día debía comentar el evangelio que leemos en la Misa de hoy. No le pareció nada fácil. Jesús se dirige al Padre diciendo que ha escondido las cosas más importantes a los sabios y entendidos y se las ha revelado a las personas más sencillas. La plegaria de Cristo concluye con la aceptación de la voluntad de Dios: *Sí, Padre, así te ha parecido bien* (*Mt* 11, 26).

Juan Luis leyó el texto y luego habló de la necesidad de ser sencillos para comprender las cosas y, al mismo tiempo, de poner todo el esfuerzo en conocer la voluntad de Dios y ponerla en práctica. Los grandes de este mundo dan unas soluciones, pero realmente el progreso de las familias y de los pueblos está en la sencillez del diálogo con Dios y la obediencia a su divina voluntad.

Así terminó la charla... con la sensación de haber colocado un tostón difícil de tragar.

A los pocos días, encontró a una joven madre del grupo de matrimonios en el supermercado: comenzaron a charlar y cuando ya se despedían, ella rompió a llorar. Sin mucho esfuerzo, pero con algo de apuro se vio en la obligación de explicarle lo que había pasado.

La mañana de la conferencia –contaba entre lágrimas– había ido con su marido al hospital y con su hijo de pocos años. Desde que nació sufría una parálisis cerebral: todo en él, salvo la respiración, era asistido. Durísimo. El médico les había dado nulas esperanzas de mejora, es más, lo había pintado todo tan mal que al término de la conversación había sugerido con sutileza interrumpir la alimentación y aumentar la dosis sedante. La muerte. Serían unos pocos días en la vida del muchacho y luego un gran descanso para él y para todos.

La madre, compungida y dudosa, fue a Misa buscando el auxilio de Dios. El médico casi la había convencido. Al terminar, bajó al salón de actos, a la reunión de matrimonios. Las palabras del evangelio que leyó Juan Luis y su modo de glosarlas, le calaron hasta lo más hondo. Comprendió la necesidad de decir siempre sí a Dios y a los demás.

«¡Sí, Padre!», dijo esta chica en su interior y volvió a casa dispuesta a seguir luchando por la vida de su hijo, a quien hoy quería más que nunca... Le había dicho a Dios y a la Virgen que quería ser lo suficientemente sencilla como para entender lo que le sucedía a su hijo, lo que pasaba por su corazón.

Querido lector: hay cosas que solo los humildes son capaces de comprender.

Te doy gracias, Padre, Señor del cielo y de la tierra, porque has escondido estas cosas a los sabios y entendidos, y se las has revelado a los pequeños. Sí, Padre, así te ha parecido bien (*Mt* 11, 25-26).

2. El primer «¡Sí!» del Nuevo Testamento es el que pronunció María delante del arcángel san Gabriel: *hágase en mí según tu palabra* (*Lc* 1, 38).

Afirma san Lucas que María recibió la llamada de Dios en la plenitud de los tiempos, o sea, en el tiempo más favorable a los ojos de Dios para cumplir su promesa. ¡Qué paradoja más grande! Roma gobernada por Augusto, que había conquistado el poder después de eliminar a todos sus adversarios en una crudelísima guerra civil; Jerusalén bajo la bota del infame Herodes, un tirano con manos manchadas por el asesinato de su propio hermano y con una vida entregada al lecho de la lujuria. ¡Esto es la plenitud de los tiempos para Dios![1].

Así es: el tiempo es favorable no por parte de los hombres, sino por parte de Dios. Es el momento en el cual Dios no ha podido resistir más, y ha explotado en un gesto de amor tan grande que ha entregado a su Hijo para la salvación del mundo (cfr. *Jn* 3, 16).

Dios razona de otra manera: *mis planes no son vuestros planes, vuestros caminos no son mis caminos* (*Is* 55, 8). Elige a una Virgen para ser madre en un sitio muy humilde y en una sociedad muy revuelta. Contempla cómo actúa nuestra Madre: María no razona al modo humano. De haberlo hecho habría sido incapaz de res-

---

[1] Cfr. A. Comastri, *Dio è amore*, 43.

ponder ese «Sí» grande, mayúsculo. María razona como Dios. Por eso dice «Sí».

Nuestra propia vida depende de cuánto seamos capaces, como María, de aceptar lo que Dios quiere, y de responder alegremente: «¡Sí, Padre!».

3. Antes de la afirmación definitiva de la cruz, encontramos en la vida de Cristo un pasaje dramático en el que nuevamente se hace presente la dureza y, a la vez, el consuelo de aceptar la voluntad del Padre: la oración en el huerto de los olivos.

¡Cuánto costó a Jesús decir entonces que sí, que quería hacer lo que pedía el Padre! Cómo sufre Cristo... al punto de sudar sangre. Este pasaje causaba tanta impresión a los primeros cristianos, que fue omitido en algunas copias del evangelio de san Lucas. Temerosos de hacer a Jesús demasiado humano o incluso desconfiado del Padre, retiraron las palabras del huerto que hablan de su lucha interior por obedecer.

Es sobrecogedor: Jesús, que no tiene pecado alguno, tuvo que luchar para obedecer. ¡Le costó entender la voluntad del Padre!

Pero de nuevo salió de los labios de Cristo, con voz potente, un «Sí» enorme que quiere ser también nuestro «sí» a Dios. «Dios, Padre nuestro: lo que tú quieras siempre».

El «sí» de María en Nazaret, el «sí» de Cristo en el huerto, y el «sí» de los cristianos que, como el de aquella madre que daba inicio a nuestra meditación, siguen aceptando las contrariedades –aún sin entenderlas– para amar más.

«Invoquemos la intercesión de María que es la Mujer del "sí". María dijo "sí", toda su vida. Ella aprendió a reconocer la voz de Jesús desde que le llevaba en su seno. Que María, nuestra Madre, nos ayude a reconocer cada vez mejor la voz de Jesús y a seguirla, para caminar por el camino de la vida»[2].

[2] Papa Francisco, *Regina Coeli* (21-4-2013).

DECIMOQUINTA SEMANA. JUEVES

1. Cambiar la carga del pecado por el yugo de Cristo.
2. Dios infinitamente bueno.
3. Luz, amor, alegría.

1. El coche de policía llevaba la sirena encendida. Iba deprisa y, de golpe, frenó en seco, subiendo las ruedas delanteras a la acera y cortando el paso a un sacerdote que caminaba pacíficamente por las calles de Roma. Se apagó la sirena. Con calma, los policías bajaron del coche y se acercaron al anciano –y asustado– presbítero. El más joven de los dos agentes de seguridad le preguntó:

«¿Podría decirnos cuáles son los siete pecados capitales? Es que recordamos cinco de los años del catecismo, pero aun así nos faltan dos».

Roma es Roma, y en Roma todo es posible. Los *Carabinieri* andaban discutiendo sobre este teológico asunto y querían acudir sin falta a la opinión de un experto en Teología. El sacerdote les contestó tranquilamente y luego aprovechó para hablar un rato con ellos.

¿De dónde venía aquella curiosidad por los pecados capitales? Aunque parezca mentira, el culpable había sido un cartel que habían visto por la calle. Colgado a la entrada de una parroquia, anunciaba en llamativas letras: «Venid a mí todos los cansados y agobiados. Esta semana, charla diaria sobre los pecados capitales». Diaria quiere decir 7, y por tanto... ¿qué 7?

Al sacerdote no le sorprendió demasiado lo del cartel, pero les hizo ver que había algo más llamativo que el 7. «¿Ah, sí?». «Sí. Decidme: ¿qué tienen que ver los pecados capitales con el cansancio y el agobio?». «Pues...».

Tal vez no lo pensamos a menudo, pero lo experimentamos. La ira, la lujuria, la pereza... cansan. La soberbia agobia. *Venid a mí todos los que estáis cansados y agobiados, y yo os aliviaré* (*Mt* 11, 28).

Caminemos, acerquémonos a Cristo con nuestra espalda cargada de pecados, para que los quite, para que los aparte de nosotros, y ponga sobre ella el dulcísimo yugo de su amor.

«Venid –glosa san Juan Crisóstomo–, no para rendir cuentas, sino para ser librados de vuestros pecados; venid, porque yo no tengo necesidad de la gloria que podáis procurarme: tengo necesidad de vuestra salvación... No temáis al oír hablar de yugo, porque es suave; no temáis si hablo de carga, porque es ligera (San Juan Crisóstomo, *In Matthaeum homiliae*, 37, 2 (PG 57, 414)»[1].

2. La carga de Cristo es la carga de Dios, infinitamente bueno. Jesucristo es el médico de las almas, que justifica sin rubor su presencia entre los pecadores: son ellos los que tienen necesidad de alguien que cuide sus heridas.

Jesucristo es así: Pastor que deja a las noventa y nueve, con prisa y agobio por la tristeza que le causa la

---

[1] Citado en *Es Cristo que pasa,* 177.

idea de perder una sola oveja. Un Dios que no encuentra paz hasta que halla a esa que andaba perdida.

El encuentro con Él y con su yugo, con su carga, es liberador. Así ocurrió a la samaritana y a Nicodemo, a los leprosos y a los endemoniados, a Zaqueo y al buen ladrón...

Hasta tal punto es bueno nuestro Dios, que se le consideró amigo de borrachos y de gentuza. Y Cristo hubo de explicarse: *¡misericordia quiero!*

Jesús, consuelo de los hombres, bálsamo en nuestro camino. Ven a nosotros. Acércate a mí en este rato de oración. Que sepa dejar toda la carga de mi egoísmo y recibir con alegría el compromiso de tu gracia, el yugo de tu amor, la carga de tu caridad. Jesús, dulzura del alma, quiero encontrarme contigo, hazme sensible para percibir tu presencia.

3. El yugo de Cristo es luz, y amor, y alegría. Una luz intelectual, que nos ayuda a comprender la realidad de las cosas de un modo más profundo. La fe y la compañía de Jesús dan explicación de la salud y de la enfermedad, de la alegría y de la tristeza; en definitiva, dan sentido a todos los días de nuestra vida. Con Él, quizás no podamos comprender todo lo que nos pasa, pero sí podremos vivirlo y aceptarlo con entusiasmo y alegría, con docilidad.

La luz de la fe no es una luz fría y apagada; al contrario, es una luz que da calor porque se traduce en amor verdadero, en deseos de bien. En efecto, elegir el yugo de Cristo es elegir el bien mismo. En la tierra hay parcelas de bien, trozos de verdad: ponerse de parte de Dios es abandonarse en manos de la Verdad y Bien absolutos, del Amor.

Por eso, con la gracia de Dios, nuestra vida llegará a ser muy luminosa y cálida, capaz de atraer a muchos al seguimiento de Jesucristo. En nuestras vidas, traduciremos lo llevadero y ligero de su carga, y los demás lo verán. Nuestra alegría contrastará absolutamente con la aparente felicidad de los pecados capitales, que no es sino cansancio y agobio. No lo olvides: la carga que Jesús quiere poner en nuestros hombros es alegría; una alegría sin comparación posible.

«La aceptación rendida de la Voluntad de Dios trae necesariamente el gozo y la paz: la felicidad en la Cruz. —Entonces se ve que el yugo de Cristo es suave y que su carga no es pesada»[2].

---

[2] *Camino,* 758.

DECIMOQUINTA SEMANA. VIERNES

1. Sacrificios para adquirir la salud y belleza (espirituales).
2. La finalidad de la mortificación.
3. Corredimir.

1. El caso fue famoso en Estados Unidos. Una mujer había sido llevada a los tribunales acusada de llevar a su hija de seis años a una cámara de rayos UVA. La mujer –cuya piel era entre marrón y negra, totalmente artificial– se defendió ante el juez: «He luchado toda mi vida por estar morena, pero jamás le haría eso a mi hija». Lo que se juzgaba no era solo el hecho, sino sobre todo si aquella mujer era capaz de tener una hija a su cargo...

¿Exagerado? Quizá no tanto. Vive entera y solamente para estar morena, aunque su piel ha perdido ya toda belleza. Pasa horas y horas bajo la lámpara de rayos UVA, y pronto, si no lo evita, se provocará una grave enfermedad. Es una obsesión: está enferma.

Sin llegar habitualmente a este extremo, hay que reconocer que vivimos en un tiempo contradictorio. Personas de toda condición son capaces de sufrir lo que sea, con tal de alcanzar cierto bienestar del cuerpo o una satisfacción transitoria. Hacen sacrificios inmensos por tener un cuerpo bonito, un pelo precioso, una piel sin marcas, una musculatura a punto, una apariencia despampanante; practican una gimnasia agotadora, se someten a operaciones estéticas de alto riesgo... ¡lo que haga falta! Son los mismos que, después, se muestran incapaces de admitir que los hombres y las mujeres cristianas –nosotros– puedan hacer sacrificios por el bienestar espiritual.

Pidamos a Dios en este primer momento de oración, para todos, un punto de mira elevado. Pidámosle que sepamos buscar no solo la salud corporal, sino sobre todo la salud espiritual. Párate un momento. Piensa cómo cuidas tu cuerpo, cuánto tiempo y cuántas atenciones le dedicas. Luego considera: ¿qué sacrificios específicos haces por mantener tu alma en forma?

2. Contradictorio es también el modo en que muchos miran a los cristianos. Si les hablan de alguien que solo come raíces, de otro que pasa seis meses al año escalando en el Himalaya, o de un tercero que se levanta a las 4.00 para correr dos horas... pueden contestar que «en fin, cada uno hace con su vida lo que le parece» y «entre gustos no hay nada escrito». En cambio, cuando se trata de un amigo o un colega de trabajo, «tan normal en todo lo demás», que un día les dice que es cristiano y se preocupa de Dios, no suelen conformarse con un: «pues mira, no lo entiendo». A menudo se escandalizan y alzan la voz: «¿pero cómo?, ¿¡tú!? ¡¡que no comes pan en las comidas o tomas fruta en vez de pastel por ofrecer un sacrificio!!; ¡¡que ayunas el miércoles de ceniza!!; ¡¡que no tomas carne los viernes de cuaresma!!». Y un largo etcétera acompañado de referencias a tiempos pasados, a maneras superadas, a... Y es que resulta que, para el hombre plano-corporal, es un escándalo, una locura, una auténtica estupidez preocuparse del alma.

De todos modos, algo hay en sus preguntas que nos interpela. En algo tienen razón: ¿por qué renunciar a planes legítimos, cosas cómodas, gustos placenteros? El prescindir será por algo. ¿Por qué? Debes tú mismo preguntártelo en tu oración.

Es necesario que nosotros en primer lugar comprendamos la finalidad de la mortificación. Hemos de comprender que su utilidad no está solo en agradar a los demás, sino fundamentalmente en ofrecernos a Dios. Jesús, como hemos escuchado en el evangelio, no quiere sacrificios: o sea, no quiere ofrendas de animales, palomas, ovejas o toros. No. Quiere la ofrenda de nosotros mismos, quiere nuestra entrega.

Ahí tienes el sentido cristiano de la mortificación.

3. *Quiero misericordia y no sacrificio* (*Mt* 12, 7). Aprovecha este último «tramo» de oración para meditar sobre la maravilla del sacrificio voluntario: más alto que la belleza física, más excelsa que la salud corporal, es la labor de corredimir con Cristo.

Jesucristo sufrió la cruz por ti y por mí; nosotros nos imponemos pequeñas cruces para ayudarle en su ministerio de misericordia. Cada pequeño sacrificio que le ofrecemos en una piedrecita que aportamos en la construcción del camino que recorren los hombres que se salvan. Cristo trajo el perdón a todos, pero ahora toca rezar y ofrecernos para que todos los hombres quieran aceptarlo. Como señalaba san Pablo a los cristianos de Colosas: *completo en mi carne lo que falta a los padecimientos de Cristo, en favor de su cuerpo que es la Iglesia* (*Col* 1, 24). Acompañar a Jesús en esta tarea: unirnos de modo efectivo a su cruz, con renuncias bien concretas que nos asocien a su Pasión.

En otra ocasión, el apóstol de las gentes indicó la grandeza de nuestro empeño, comparándolo precisamente con el de los atletas: *un atleta se impone toda clase de privaciones; ellos para ganar una corona que se marchita; nosotros, en cambio, una que no se marchita* (*1 Co* 9, 25).

La mortificación: al cuerpo, siempre un poco menos de lo justo. Vivir en esta actitud nos purifica y crea en nosotros una situación estable de lucha. Prueba y lo verás.

DECIMOQUINTA SEMANA. SÁBADO

1. Parecernos a Cristo por la gracia de Dios.
2. Ser semejantes a Cristo significa ser capaces de poner a los hombres en contacto con Dios.
3. El método: unir siempre.

1. El de religión era, de entre todo el claustro de profesores, el más querido por los niños. Era un joven que ponía mucha pasión en explicar a los pequeños la historia de la salvación, los milagros de Jesús y la historia de la Iglesia. Los infantes participaban con sus preguntas. Era, con mucho, la clase más entretenida.

Con palabras sencillas, el maestro les explicó el evangelio de hoy. Jesús ha entrado en la sinagoga y ha encontrado allí a un hombre con la mano seca. Sabiendo de los malos pensamientos de los fariseos, pregunta abiertamente si está o no permitido curar en sábado. No encuentra respuesta, así que sin mediar palabra cura al inválido. Después, Cristo tiene que huir porque los fariseos deciden darle muerte: ¡tanto les enfadó que Jesús curase en sábado!

Fue entonces cuando uno de los niños alzó la mano. Quería hacer una pregunta. El profesor detuvo la clase y dio voz al muchacho:

—¿Jesús curaba siempre en sábado para hacer rabiar a los fariseos?

Hombre… Pero la pregunta nos obliga a reconocer que, a menudo, también nosotros nos hemos quedado con esa parte de la historia. Ciertamente no era esa la motivación fundamental de Jesús. Su enseñanza es otra: aunque el sábado era un día para descansar, no se quebranta el día santo cuando se hace un servicio a Dios o al prójimo, como tampoco cuando se trata de cubrir necesidades familiares o de utilidad social.

Además, con esa curación, Jesús nos hace ver que Él es el Señor del sábado. Cuando los fariseos escucharon esto, casi les explotan los oídos, porque mediante esta declaración Cristo se hacía igual a Dios. Y esta es la enseñanza más profunda del evangelio de hoy.

Jesucristo es Dios y quiere que nosotros seamos semejantes a Dios por gracia. La gracia es el don interior, fuerte, silencioso que nos permite crecer en virtudes y en amor de Dios. Más aún, es el mismo amor de Dios que toca nuestra alma, la llena de caridad y nos hace hijos de Dios. En definitiva, si podemos parecernos más y más a nuestro Señor Jesucristo es por la gracia. Ahora que lo sabes, pídeselo de corazón, que quieres parecerte a Él, y suplícale su gracia para que puedas imitarle en todas tus cosas.

2. El pasaje continúa. Jesús se marcha, los fariseos conspiran, ¿y la gente? La gente se va con Jesús, siguiéndole muchos y curando a todos (cfr. *Mt* 12, 15). El Señor, entonces, les mandó explícitamente que no lo dijeran para que no lo descubrieran.

El judío Mateo, que es el evangelista que nos cuenta estas cosas, hace, como en otras ocasiones, su personal interpretación de los sucesos. Entiende que en Cristo se cumple la profecía de Isaías: Jesús es el siervo, el elegido de Dios, el amado y predilecto. Lleva el Espíritu santo en plenitud para convertir a todas las naciones, y lo hace de un modo sutil, no violento. El profeta lo había anunciado: *Mirad a mi siervo, mi elegido, mi amado, en quien me complazco. Sobre él pondré mi espíritu para que anuncie el derecho a las naciones. No porfiará, no gritará, nadie escuchará su voz por las calles. La caña cascada no la quebrará, la mecha vacilante no la apagará, hasta llevar el derecho a la victoria; en su nombre esperarán las naciones* (*Mt* 12, 18-21; cfr. *Is* 42, 1-4).

Interesa mucho que ahondemos en esta figura de Isaías: porque así es como el Espíritu Santo describe a Jesús, y como Él queremos ser nosotros. El siervo de Dios se ofrece por los demás; es el cordero que muere para dar vida. El amado y predilecto de Dios es el justo que sabe sufrir calladamente, que vive en una íntima unión con Dios y con sus hermanos, y que es capaz de unir a Dios y a los hombres. Es el elegido del Señor, encargado de restaurar, con su sacrificio, la comunión de los hombres con Dios. Es el que les llama uno a uno, calladamente, para que salgan de su vida de pecado y sigan los caminos de la gracia.

Si queremos parecernos a Cristo, conviene que consideremos en nuestra oración que caminar con Él es sinónimo de entrega y sufrimiento; habla de ser personas capaces de soportarlo todo con tal de poner a los hombres en relación con Dios.

3. La profecía de Isaías nos enseña también el método para poner a los hombres en contacto con Dios: *no porfiará, no gritará, no voceará por las calles*. Así, tú y yo. En ningún caso se nos pide que impongamos la fe al prójimo, o que hagamos caso solo a los que van bien y nos olvidemos de aquellos que dudan o ven su fe apagarse. En absoluto.

El método de Cristo, tal como lo ha visto Mateo, es la sutileza, la palabra de ánimo, la comprensión hasta el final.

El pábilo vacilante no lo apagará. Es muy fácil sofocar una pequeña llamita; pero Jesús nos enseña a tratarla con cuidado, a protegerla de los vientos, a alimentarla con nuevo combustible. Cuando una persona tiene una pizca de fe, Nuestro Señor nos solicita que la alimentemos y no la asfixiemos con exigencias insoportables. Hay mil modos de hacerlo: alabando lo poco que esa persona puede hacer bien, buscando siempre los puntos que tenemos en común, evitando sistemáticamente aquellas cosas de la moral o de la doctrina que no entiende, dale tiempo: ¡ya las entenderá! Y aún podemos hacer más: proteger a esa persona de malas influencias, o ser capaz de decir la palabra adecuada en el momento oportuno.

La caña cascada no la quebrará, porque el apóstol (el siervo) es capaz de coger los extremos con cuidado, vendarlos, unirlos a una tablilla, esperar a que aquello se recomponga. La violencia con las almas no funciona, y el deseo irrefrenable de tener siempre razón puede quebrar las almas vacilantes. Unir siempre...

Así nos pareceremos a Cristo: si somos bálsamo con los que vacilan, si damos comprensión y aliento a los que dudan. Ten alma de apóstol, dilata tu corazón para que quepan todos. Pídeselo al Espíritu Santo.

DECIMOSEXTO DOMINGO. CICLO A

1. Pobres y ricos, lo mismo da.
Ser de Cristo es darse uno mismo.
2. En los altos hornos de la vida cristiana.
3. No hay dios como Dios.

1. La historia es verdadera. Como siempre. Con más o menos literatura, pero las letras aquí estampadas son siempre y fundamentalmente ciertas. O al menos tratan de serlo.

Para enseñar a los niños de siete años la importancia de la generosidad, el sacerdote recurrió al espantapájaros. Con cabeza de calabaza, ojos de tomate, nariz de zanahoria y boca hecha de espigas, recibió un severo mandato: ahuyentar a cuantos animales se aproximaran al cercado. Nada, absolutamente nada de la hermosa huerta del malvado amo debía caer en manos forasteras, por muy hambrientos que estuvieran.

Los pequeños escuchaban con atención. Estaban contentos; siempre les hace ilusión la visita de don Manuel. Solo cuando son mayores y la conciencia se tuerce encuentran dificultad en el evangelio.

Llegó una famélica familia de conejos. El espantapájaros, sin desoír el mandato del amo, pero cumpliendo con el deber de su conciencia, decidió darle su nariz que, siendo zanahoria, hizo las delicias de los animales. Así pasaron por la escena los gorriones, que gustaron de la boca de trigo, las tortugas que devoraron sus ojos de tomate e incluso un andrajoso que se llevó las ropas viejas del pobre monigote.

El momento más bello –real, insisto– fue cuando el sacerdote narró que la calabaza –la cabeza– se la llevó un niño pobre. Antonio, en primera fila, exclamó sin rubor ni vergüenza: «¡yo también soy un niño pobre!». El niño, en efecto, vivía en una chabola no muy lejos de la escuela, en condiciones paupérrimas.

«¿Sí?, ¿eres pobre? Entonces, ¿qué vas a dar tú?; ¿no querrías hacer como el espantapájaros?», preguntó con cariño el sacerdote.

«¿Y qué es eso? ¿darme a mí mismo?».

«¡Eso es!», respondió don Manuel, conmocionado, «¡darte a ti mismo!».

Pero aún le quedaba lo más importante por dar, apostilló Antonio, aún tenía que regalar su corazón. ¿De qué era su corazón?

«Tu corazón, Antonio, es una pera verde; verde, grande y reluciente».

Nada más grande y reluciente que darse uno mismo: los ojos para mirar lo limpio, los oídos como consuelo del prójimo, la boca para bendecir y no criticar, la cabeza para pensar lo bueno y no juzgar, el corazón para amar... y la nariz para no meterla donde no nos llaman.

2. Se pertenece al número de los elegidos, a esos que forman parte del reino de los cielos (o mejor dicho, a aquellos en los que mora y descansa el reino de Dios), cuando decidimos arder, con determinación, en los altos hornos de la vida cristiana. ¿Y eso qué es?

La cizaña será arrancada al final de los tiempos para ser arrojada al fuego que no acaba. Será la condena del desamor, la elección sostenida en el tiempo que ya no es tiempo de quien hizo de su vida un paraíso de egoísmo. Soledad. Fuego que no purifica ni consume, sino que sufre y hace sufrir.

En cambio, ese trigo que es el hombre pobre que confió en Dios y se dio a sí mismo, será almacenado en el cielo, lugar de alegría sempiterna. ¿Por qué? En gran medida, porque supo arder en vida. Quemó sus malas pasiones con el encendimiento de su mortificación y devoción, purificó su amor con la entrega incondicional a quien no podía devolverle nada, avistó o incluso alcanzó la cálida orilla del amor de Dios; amor de caridad que es servicio y sonrisa, perdón e indulgencia, benevolencia y magnanimidad.

Sobrecoge considerar en la oración los ejemplos con que Cristo ha ilustrado la figura del cristiano. Es trigo con el que se forma el alimento de los pueblos. Levadura que alza la masa y da suavidad y consistencia. Grano de mostaza que crece y crece, hasta ser abrigo de los pequeños. Sal que da gusto a las comidas y calor a los corazones. ¿Qué más? Luz del mundo y servidores de la alegría. ¿Seguimos?

Porque a la ineludible evidencia del discurso luminoso de Dios nuestro Señor sobre nuestra vocación divina, puede seguir en ocasiones la sensación derrotada del cristiano vencido por tanta cizaña. *¿Hasta cuándo tendré que estar con vosotros?* dice Jesús en otra ocasión.

¡Hombres de poca fe!; si eres trigo y no cizaña, luz, sal, levadura... ¿de qué te preocupas?

Tú a lo tuyo, que no es otra cosa que la caridad. Del resto –de la cizaña– ya hay quien tome cuidado y sabrá muy bien lo que ha de hacer.

3. *Fuera de ti*, dice al comienzo la primera lectura, *no hay otro Dios que cuide de todo, a quien tengas que demostrar que no juzgas injustamente* (*Sb* 12, 13). Detrás de toda la compleja batalla de trigo y cizaña, amigos y enemigos, luz y sombra, está el mismo Dios.

El convencimiento de que, como reza el Salmo, *el Señor es bueno y clemente* (*Sal* 86, 5), debe tranquilizar nuestra alma, no solo ante el mal que nos rodea, sino en relación a la cizaña que crece dentro de nuestro propio corazón. ¿No notas acaso cómo germina en tu interior la mala semilla de la maledicencia, el torcimiento de la intención, o la búsqueda orgullosa de ti mismo en mucho de lo que haces?

Esa preocupación es ajena a nuestro espíritu de hijos de Dios. Él sabe más, y cuando tolera tanto, sabrá por qué. ¿Y qué hay de mi pecado? *Diste a tus hijos* concluye la primera lectura, *una buena esperanza, pues concedes el arrepentimiento a los pecadores* (*Sb* 12, 19).

Si siendo trigo te hiciste cizaña, y pasas de la luz a la tiniebla, vuelve una y otra vez a ese Dios que no tiene igual; el Dios de Jesucristo: misericordia, perdón y llama de amor viva.

Sí; trigo pobre, luz tenue, pero también cuenta con que *el Espíritu acude en ayuda de nuestra debilidad, pues nosotros no sabemos pedir como conviene* (*Rm* 8, 26). Así reza la segunda lectura de hoy: *el que escruta los corazo-*

nes sabe cuál es el deseo del Espíritu, y que su intercesión por los santos es según Dios (Rm 8, 27).

Alguna gente castiza tiene en sus coches una pegatina que dice: «un poquito de por favor». Un poquito de fe, podríamos sentenciar nosotros; la fe de quien sabe que el propietario del campo conoce a la perfección todos sus frutos; los buenos y los malos, dentro y fuera de nosotros. Basta confiar en tan buen poseedor, y abandonar nuestras luchas en su voluntad amorosísima.

Más fe. Un poquito más de fe.

DECIMOSEXTO DOMINGO. CICLO B

1. El relieve sobrenatural de lo sensible.
2. Silencios y micro-silencios.
3. Tipos sensibles.

1. Se organizaba una peregrinación a Tierra santa. Había tiempo suficiente para ahorrar, y la ocasión lo merecía: visitar Belén, Nazaret, el mar de Galilea, Jerusalén... ¡estar en el monte Calvario y rezar delante del santo Sepulcro! Merecía la pena hacer un esfuerzo.

Había que formar un grupo de cerca de cuarenta personas. En general se apuntaban personas mayores e incluso algunas familias. La sorpresa del organizador llegó al aparecer un grupo de seis personas que, entusiasmadas, ansiaban ir a la peregrinación y confesaban no desear perdérsela por nada del mundo. ¿Cuál era la dificultad?: eran absolutamente ciegos. El viaje es caro... ¿para qué se apuntarán?

Ya en Israel, el resto del grupo contemplaba estupefacto lo mucho que disfrutaban los ciegos. Eran con diferencia los más felices de la peregrinación. Por la noche, durante enjundiosas tertulias cada uno contaba qué le había impresionado especialmente, o con qué deseos afrontaban el día siguiente. Uno de los últimos días, un joven curioso no pudo callarse por más tiempo y preguntó a uno de los invidentes: ¿por qué gozáis tanto con este viaje... si no podéis ver nada?

Una chica, cuya sensibilidad era patente, respondió con palabras bellísimas: la vida no es solo lo visible, sino que también la componen los sonidos, los olores, el ambiente, el aire, los comentarios y la lengua del lugar. En definitiva, la realidad tiene un relieve maravilloso que se puede tocar: «He podido tocar el monte Calvario, el santo Sepulcro o la tierra donde nació Cristo. Es una tierra distinta, sobrenatural, cargada de Dios... ¿acaso vosotros no habéis sentido lo mismo?». No, no habían sentido lo mismo.

Desde que Cristo anduvo con nosotros, no solo Tierra santa sino todas las cosas tienen un relieve especial. El mundo está cargado de Dios porque Dios se hizo hombre y llegó a la entraña de nuestras cosas. ¡Qué importante es descubrir esto!

Ir a clase, tener una casa, gozar de una familia, reír con los amigos, practicar un deporte, llorar los fracasos, disfrutar con las alegrías... todo, absolutamente todo puede estar lleno de Dios si somos capaces de reconocerlo en nuestras actividades más pequeñas, cotidianas, habituales.

Es muy necesario pedirle la sensibilidad que nos permita descubrir lo ancho y lo profundo de nuestra vida: el relieve sobrenatural de todas las cosas que hacemos. Se vive con una intensidad diferente, con una paz mucho más grande.

2. *Los apóstoles volvieron a reunirse con Jesús, y le contaron todo lo que habían hecho y enseñado. Él les dijo:*

«Venid vosotros a solas a un lugar desierto a descansar un poco». Porque eran tantos los que iban y venían, que no encontraban tiempo ni para comer (Mc 6, 30-31).

Es fundamental que en nuestra vida encontremos lugares tranquilos donde recapacitar y poder hablar tranquilamente, como los apóstoles, con Jesús. Porque, si queremos percibir nuestros estudios, nuestra jornada, nuestros amores y amistades como algo apasionante y lleno de relieve, es muy necesario que pasemos tiempo con Dios.

Encontrar esos lugares de paz es cosa nuestra y cosa de Dios. Es tarea nuestra porque tenemos que hacer el esfuerzo de buscar parones en nuestro día para la oración, para el silencio. ¿En qué momento? «Una costumbre eficaz para lograr presencia de Dios: cada día, la primera audiencia, para Jesucristo»[1]. Lo primero, la oración. Sabemos por experiencia que cuando lo dejamos para más tarde... al final no sale.

Será también una buena idea hacer pequeños silencios a lo largo del día para recogernos dentro de nosotros mismos y decir un gracias, de corazón, a Dios o un acto de contrición sentido. Fijarnos cinco micro-parones al día puede ser una buena idea: para el ángelus a las doce, antes de comer, en el coche, a media tarde o antes de dormir... Un parón largo, varios parones cortos: lugares tranquilos.

Pero también es tarea de Dios. En el evangelio es Cristo quien invita a los apóstoles a ir a un sitio apacible. Por eso, nosotros ponemos los medios para poder hablar con Él, y le reservamos espacios concretos en

---

[1] *Surco*, 450.

nuestro día: el nivel de la conversación depende en gran parte de Dios, que nos dirá lo que quiera cuando considere conveniente.

Por eso, no te desanimes si te parece que tus silencios están vacíos de significado y tu oración parece estéril. Persevera, porque cuando menos te lo esperes Cristo te dirá con gran cariño: «ahora toca; vente conmigo, vamos a un lugar apartado, de intimidad: tú y yo solos... y verás qué bien».

3. La realidad está llena de relieve sobrenatural. Sería un propósito brillante intentar descubrirlo. Reconocer, en tu recorrido diario a la escuela o al trabajo, cuántas iglesias hay a tu paso, y fomentar el deseo sincero de saludar al Señor presente en cada uno de los sagrarios. Él espera a todos los hombres: es probable que no haya tiempo para entrar, pero puedes hacerlo con la imaginación y ofrecerle tu día, tan normal, tan lleno de amor.

Sal de tu soledad interior pensando que la Virgen está siempre pendiente de ti: te acompaña y hace tu vida cotidiana tierna, confiada, agradable. Recapacita y considera que el mundo está, al menos, tan poblado de hombres como de ángeles, siempre dispuestos a ayudarte.

Queremos ser personas sensibles, capaces de percibir –como decíamos– lo más profundo de la realidad más humana. La sensibilidad que puede llegar a prender en los corazones de quienes rezan es muy grande. Se ve al final del evangelio de hoy. Una multitud llega a Jesús, y Él siente lástima de ellos porque andan *como ovejas sin pastor*.

Mira el juicio del Señor: no los condena por pesados o inoportunos, sino que es capaz de leer dentro de aquellos corazones y sentir pena. Los atiende con un amor exquisito.

¡Qué maravilla si nuestra mirada pudiera ser como la de Cristo, capaz de leer dentro! Acerquémonos a Él, y metámonoslo bien en la cabeza: vivir con intensidad los micro-silencios que pueden convertirse en conversaciones con Dios nos llenará de ánimo; y contar en nuestra vida cotidiana con la presencia de Cristo, de la Virgen y de los ángeles, es vivir en un mundo tan real como nuestro trabajo, estudio o nuestra familia.

DECIMOSEXTO DOMINGO. CICLO C

1. ¿Quién puede hospedarse en su tienda?
2. La palabra que da sentido a toda la vida.
3. Una página del evangelio especialmente adecuada para las vacaciones.

1. Pienso que la pregunta principal no es si preferimos a Marta o a María, sino más bien aquella otra con la que respondemos al salmo de la liturgia de este día: *Señor, ¿quién puede hospedarse en tu tienda?* (*Sal* 16, 1).

Ilustrémoslo con un ejemplo. Imagina un gusanillo campestre, minúsculo como todos, que se arrastra por el suelo. Ha salido del barro donde habitaba, y se dirige a una persona que, perfectamente acomodada, toma el sol en su plácida hamaca. Cuando por fin, después de mucho esfuerzo, alcanza al interesado, no sabe cómo hacerse notar. Ni siquiera tiene brazos para poder lanzarle una piedrecita. Por un misterio de benevolencia, le ha sido concedido hablar. Ningún gusano es capaz de articular palabra, pero este, y los de su especie, sí. Empieza a gritar, y a clamar a quien puede escucharlo. Es entonces cuando el ser superior gira su cabeza y comienza un diálogo profundo, quizá íntimo, con el gusano que, entusiasta, alza su cabecilla para acercarse siquiera un milímetro más a quien es cientos de veces más grande que él. ¿Imaginas una situación más ridícula?

Te sugeriré una: que nosotros nos consideremos con derecho a hablar con Dios. ¿Sabes quién es Él y cómo es de grande su misterio? ¡Despierta tú, que eres hombre! El hecho mismo de que podamos rezar es muestra de la infinita benevolencia de Dios. Sí, no somos más que gusanos que hablan con su creador. Y menos que eso. De ahí la pregunta: ¿quién puede hospedarse en tu tienda?, ¿quién tiene derecho a hablar contigo?

Perdóname, Jesús porque, a pesar de todo, en ocasiones me cansa el privilegio más grande que jamás haya recibido: la posibilidad de orar.

2. La actitud de María –en oposición a la de Marta– es alabada en el evangelio a causa de esto mismo. Poder escuchar a Jesús es... un don infinito. Sus palabras, su vida, su humanidad santísima, el regalo de su Espíritu... ¿te das cuenta? ¿Alcanzas a presumirlo, aunque sea solo un poquitín? ¡Es Jesucristo!, y tú a sus pies. María lo entendió. Quizá tú también, y ¡qué contento está Jesús al contemplar tu alma joven que escucha sedienta sus palabras de vida! Deja que tu imaginación te lleve a Betania, para hacerte hueco junto a María, que escucha con gusto las palabras del Maestro. El Verbo eterno hecho palabra humana: la verdad de tu vida, lo íntimo de tu existencia, lo más relevante de tu amor. Es maravilloso pensar que podemos escuchar a Cristo. Merecería la pena orar toda la vida... con el único propósito de escucharlo una sola vez. ¡Qué belleza despide el rostro de Cristo! ¡Qué dulce su voz de buen pastor!

Sin embargo, el aparente enfrentamiento con la actitud de Marta no nos debe llevar a conclusiones equivocadas. Con sencillez lo explicaba el papa Benedicto XVI: «la palabra de Cristo es clarísima: ningún desprecio por la vida activa, ni mucho menos por la generosa hospitalidad; sino una llamada clara al hecho de que lo único verdaderamente necesario es otra cosa: escuchar la Palabra del Señor; y el Señor en aquel momento está allí, ¡presente en la Persona de Jesús! Todo lo demás pasará y se nos quitará, pero la Palabra de Dios es eterna y da sentido a nuestra actividad cotidiana»[1].

Deja que tu corazón se abra a Jesús y derrame a sus pies palabras de agradecimiento, de adoración, de amor.

3. «Queridos amigos», concluye Benedicto XVI, «esta página del evangelio es especialmente adecuada al tiempo de vacaciones, pues recuerda el hecho de que la persona humana debe trabajar, sí; empeñarse en las ocupaciones domésticas y profesionales; pero ante todo tiene necesidad de Dios, que es luz interior de amor y de verdad. Sin amor, hasta las actividades más importantes pierden valor y no dan alegría. Sin un significado profundo, toda nuestra acción se reduce a activismo estéril y desordenado. Y ¿quién nos da el amor y la verdad sino Jesucristo? Por eso, aprendamos, hermanos, a ayudarnos los unos a los otros, a colaborar, pero antes aún a elegir juntos la parte mejor, que es y será siempre nuestro mayor bien»[2].

---

[1] BENEDICTO XVI, *Ángelus* (18-7-2010).
[2] *Ibid.*

Aprovecha estos días para descubrir –y hacer descubrir a otros– la belleza del tiempo pasado junto al Señor, fuente y origen del sosiego interior que ha de jalonar continuamente nuestro quehacer. Carga las pilas durante el mes de julio: aprovecha para hacer de tu interior un remanso de paz que a todos ilumine con su sonrisa. Tal empresa será asequible, no tanto si buscas una diversión a cualquier precio..., como si reservas un tiempo para Jesús, presente en la oración y en la Eucaristía.

DECIMOSEXTA SEMANA. LUNES

1. El poder de la penitencia.
2. Su perenne recuerdo sostiene toda lucha.
3. El signo más elevado de la misericordia:
la muerte en la cruz.

1. «Los predicadores de la verdad y ministros de la gracia divina, todos los que desde el principio hasta nuestros días, cada uno en su tiempo, nos han dado a conocer la voluntad salvífica de Dios», afirma san Máximo el confesor, «nos enseñan que nada hay tan grato y querido por Dios como el hecho de que los hombres se conviertan a Él con sincero arrepentimiento»[1].

De entre esos predicadores de la verdad que procuraron el arrepentimiento de los hombres y los pueblos, resplandece ejemplarmente la figura de Jonás. De él habla Jesús en el evangelio de hoy, y de él vamos a hablar con Dios nosotros en el primer rato de oración. ¿Quién es este singular personaje que irrumpe con fuerza en la literatura sapiencial del Antiguo Testamento y es nuevamente recordado por el Mesías?

---

[1] Máximo el confesor, *Carta* 11. También para lo que sigue.

Su historia personal refleja la titánica lucha que puede establecerse entre el hombre y Dios, así como el poder de la penitencia. En efecto, es presumible que a Dios le agrade la mortificación porque, con ella, el hombre desiste en sus decisiones y cambia su parecer.

Jonás recibió un encargo por parte de Dios: predicar la conversión a la inmensa y pervertida –extranjera– ciudad de Nínive. A Jonás aquello ni le apetecía ni le parecía razonable. Predicar a los paganos era tarea molesta, además de onerosa y carente de reconocimiento. Se trataba de una empresa herida de muerte en su mismo origen. En resumidas cuentas: «Mejor dejarlo... Es posible que Dios no quisiera decir eso.... Se referiría a otra cosa... No le habré entendido bien». Pensaría, tal vez, algo de esto. Seguro de su decisión, o más bien temeroso por la de Dios, Jonás tomó rumbo opuesto al propuesto por el Todopoderoso. ¡A Tarsis! Días de sol y playa en la costa gaditana...

Pero Dios no se dejó ganar el pulso. A punto estuvo de hacer naufragar el barco. Jonás se perdió en las entrañas del cetáceo por tres días y, después de tan oscura experiencia (que apasiona a los niños), fue devuelto a la playa, en su propia tierra. No tenía más remedio que seguir las indicaciones de Dios.

La respuesta de los ninivitas fue inmediata: oración y penitencia. Nos interesa la segunda. Vestidos de saco que raspa, y cubiertos de ceniza que no era *Ralph Lauren*, sino cosa fea (y dañina para el pelo), pronto enderezaron su conducta y elevaron su plegaria. Pedían a Dios que no destruyera la ciudad. Y no la destruyó. Se compadeció ante la oración viva de los cuerpos ninivitas. Eso es la mortificación.

El poder de la penitencia: para que el mundo brille de alegría, para que haya vocaciones de entrega a Dios que lo llenen de lustro y de belleza, para que tú triunfes –o mejor, Dios triunfe en ti– por medio de esas virtudes que mucho añoras y tanto cuestan...

El poder de la penitencia.

2. El fundamento del perdón, con todo, no es solo la penitencia, sino fundamentalmente la inmensa misericordia de Dios. Escucha lo que dice a través de la palabra profética de Isaías:

Así dice el Señor, redentor y santo de Israel, al despreciado, al aborrecido de las naciones, al esclavo de los tiranos: «Te verán los reyes, y se alzarán; los príncipes, y se postrarán; porque el Señor es fiel, porque el santo de Israel te ha elegido». Así dice el Señor: «En tiempo de gracia te he respondido, en día propicio te he auxiliado; te he defendido y constituido alianza del pueblo, para restaurar el país, para repartir heredades desoladas, para decir a los cautivos: "Salid", a los que están en tinieblas: "Venid a la luz". Aun por los caminos pastarán, tendrán praderas en todas las dunas; no pasarán hambre ni sed, no les hará daño el bochorno ni el sol; porque los conduce el compasivo y los guía a manantiales de agua. Convertiré mis montes en caminos, y mis senderos se nivelarán. Miradlos venir de lejos; miradlos, del Norte y del Poniente, y los otros de la tierra de Sin» (Is 49, 7-12).

El profeta (sea quien sea –Jonás, Isaías, tú o yo–), debe fundar su discurso, si quiere hablar según el Espíritu de Dios, en la infinita misericordia de Dios. Él es compasivo, Él gobierna toda la tierra. Es capaz de desmochar montes y aplanar valles; su potencia mueve los corazones de todos, de oriente a poniente, de norte a sur. ¿Cómo no podrá convertir entonces nuestros corazones? No es solo la predicación de Jonás; es la fuerza de la gracia habitando en las almas.

Exulta, cielo; alégrate, tierra, prosigue Isaías, *romped a cantar, montañas, porque el Señor consuela a su pueblo y se compadece de los desamparados* (*Is* 49, 13).

Su perenne recuerdo sostiene toda lucha. Recuérdalo.

3. El signo más elevado y profundo de esa inmensa misericordia es el que une a Jonás con Jesucristo de modo simbólico. *Tres días y tres noches estuvo Jonás en el vientre del cetáceo: pues tres días y tres noches estará el Hijo del hombre en el seno de la tierra* (*Mt* 12, 40). El vientre del cetáceo; el seno de la tierra; la muerte ignominiosa y el desprecio de las gentes. El fundamento del perdón y de la gracia es la humildad del Verbo de Dios que toma carne. Haciéndose uno de los nuestros, gustó el amargo trago de la pasión y la más dura de las muertes.

«La divina Palabra del Dios y Padre, aquel que es la primigenia y única revelación de la infinita bondad», afirma Máximo el confesor, «con un rebajamiento y condescendencia inefables, se dignó convivir con nosotros, hecho uno de nosotros; e hizo, padeció y enseñó todo aquello que era necesario para que nosotros, que éramos enemigos y extranjeros, que estábamos privados de la vida feliz, fuéramos reconciliados con nuestro Dios y Padre y llamados de nuevo a la vida».

¿Qué podemos hacer? ¿Cómo podremos corresponder? Los ninivitas se convirtieron por la predicación de Jonás, y la reina de Saba recorrió tierra y mar para encontrarse con Salomón. ¿Qué haremos con Aquel que no solo curó nuestras enfermedades con la fuerza de sus milagros, sino que conoció lo profundo de la tierra por el suplicio de la cruz?

«Imitarlo en su benignidad condescendiente y en su perfecta caridad para con todos», propone san Máximo. Con otras palabras: conocer al dedillo su palabra, enseñanza y doctrina, y tratar de ponerla en práctica a través de la verdadera devoción.

Porque aquí hay uno que es más que Jonás.

Porque Él vale más que Salomón.

DECIMOSEXTA SEMANA. MARTES

1. *Estos son mi madre y mis hermanos.*

2. *María escucha: la vocación cristiana*
y la vocación de la Mujer.

3. *La fraternidad cristiana.*

1. La casa estaba abarrotada de gente, que se agolpaba movida por su deseo de ver a Jesús. Este, quizás puesto en un lugar elevado para ser visto por todos, o sencillamente de pie, enseña a los que con tanta voluntad se han acercado a escucharlo.

Los parientes más cercanos de Jesús están inquietos. Observan con estupor y preocupación su altísimo nivel de actividad: predica, viaja, trabaja, ¡no para!... y comienzan a temer por su salud. No come. Duerme poco. Es necesario acercarse a Cristo, ¡alguien debe preocuparse por Él!: saber si necesita algo, tratar de hacerle descansar un poco...

Pero el lugar en que se encuentra resulta absolutamente inaccesible. No es un grupo grande; con todo resulta imposible pasar. Mandan un recado, que corre de boca en boca: *tu madre y tus hermanos están fuera y quieren hablar contigo* (Mt 12, 47).

Se hace el silencio en la estancia. Todos lo han oído. Muchos se preguntan: «¿Nos dejará Jesús?». El Señor alza la vista, mira en torno, señala con el dedo y pronuncia palabras que fueron escuchadas sin duda por la Virgen y los que la acompañaban, porque se había generado un silencio de reverencia: es Cristo que habla con su madre.

Estos son mi madre y mis hermanos. El que haga la voluntad de mi Padre que está en los cielos, ese es mi hermano, y mi hermana, y mi madre (Mt 12, 49-50).

¡Duras palabras, Jesús mío, a los oídos de tu madre! Ella venía a procurarte tu bien, y tú dices que esos otros son tu madre y tus hermanos. Los mismos que hoy escuchan tu palabra… y mañana te crucificarán; porque los oídos que aquella tarde te atendían, serán después labios que te increpaban camino del calvario.

«¡Jesús!, ¿pero qué digo?: soy yo mismo quien hoy rezo y mañana te ofendo».

«¿Te costó mucho decir esto? ¿Te costó mucho agrandar tu corazón para que no solo cupiera tu amorosísima Madre sino, con el mismo amor, todos y cada uno de los hombres? ¿Por qué, Jesús, nos quieres tanto?».

2. La vocación de la mujer tiene un punto de natural incomprensión. Es la dificultad habitual de comprenderse a una misma que contrasta absolutamente con su capacidad casi infinita de comprender a los demás.

María –mujer perfecta– experimentó todo esto de algún modo, pero supo encontrar la solución agradable a Dios: guardándolo en su corazón, meditándolo amorosamente. De este modo, aun las cosas que de primeras pudiera no entender, las hablaba con Dios, y crecía de este modo en intimidad con Él. Es grande la humildad de la Virgen.

La experiencia que nos narra el evangelio de hoy no es nueva para María. En otras ocasiones había padecido una aparente incomprensión por parte de Jesús. Había escuchado las desconcertantes palabras del adolescente en el templo de Jerusalén, donde con una objetividad casi dañina Jesús dijo a su Madre que debía dedicarse a las cosas de su Padre. Igualmente paradójico fue su comentario en Caná de Galilea, cuando su Hijo le llamó *mujer* –y no *madre*–, para contradecir la sugerencia de ayudar a aquellos novios apurados.

Y volverá a ocurrir más adelante: cuando una espontánea mujer alabe a gritos por la calle a la Madre del Salvador y Jesús responda que son *dichosos los que cumplen la voluntad de Dios*.

¿Qué nos quiere enseñar el Maestro con este comportamiento? Hay, al menos, dos cosas que se pueden señalar: por una parte, que lo primero son las cosas de Dios y, muy especialmente, la vocación a la que hemos sido llamados. Por encima de eso no hay absolutamente nada: por eso Jesús va al templo, por eso quiere esperar a que llegue su *hora*, y por eso dice que los más felices del mundo son los que cumplen la voluntad de Dios.

Trata de descubrir y cumplir la voluntad de Dios en tu vida… y conocerás horizontes de felicidad antes insospechados.

3. La segunda enseñanza de Cristo es que los lazos de amor que se establecen por gracia son aún más grandes que los que nos vinculan por la carne. En realidad, va muy unida a la primera. ¡Qué bien lo entendieron los primeros cristianos! La historia que te propongo a continuación lo muestra perfectamente.

San Agustín recibió en una ocasión una carta de una chica joven que escribía muy apurada: deseaba abrazar la vida religiosa y había encontrado dramáticamente la oposición total de su madre, que se negaba en rotundo. El ambiente en casa era una auténtica guerra: ella quería ser monja, y no tenía la menor esperanza de convencer a aquella a quien debía la vida. Era una situación muy triste –tristísima– y violenta. «¿Cómo debo tratar a mi madre en una situación así?».

El Obispo de Hipona le respondió prontamente. Conocía su agobio, quería consolarla. Le dijo con letra segura y convicción firme que no tuviera miedo en desobedecer a su madre por el hecho de ser su madre en la carne. Palabras duras. Le dijo que por encima de todo estaba la voluntad de Dios. Eso es lo que debía de hacer en cualquier caso: vivir para el amor de su vida. ¡Qué fortuna ser elegida por Dios para ser suya!

Pero no lo dejó ahí. Añadió a continuación que, habida cuenta de que su madre era bautizada, debía prestarle mucha atención, porque era su hermana en la fe y futura compañera en el cielo. «Hazle caso, ¡escúchala!» –le decía con estas o parecidas palabras–, «no como madre sino como hermana. Porque es mucho más fuerte el vínculo que adquiriste con ella en el bautismo que aquel que contrajiste por estar en su vientre».

Es fuerte pensar como consideraban los antiguos la fraternidad entre los cristianos. Quizá si lo meditas un poquito, llegues a la conclusión de que tienes que afinar, mucho más, en el trato con los demás –carácter, pereza, maledicencia, crítica–, empezando por tu propia familia.

DECIMOSEXTA SEMANA. MIÉRCOLES

1. Un estallido de alegría.
2. Alegrarse en las obras de Dios y en cómo las hace.
3. ¿Quiénes son los pequeños a quienes
revela Dios sus cosas?

1. Las palabras que leemos en el evangelio de la Misa de hoy aparecen en el relato de Mateo de una manera del todo sorprendente. Porque Jesús viene de pronunciar una serie de reproches hacia los judíos, que dan la espalda a los signos que hace para ellos en un discurso que está, ciertamente, cargado de tristeza y amargura que se entremezcla también con indignación. Y con esos sentimientos rondando el Corazón de Jesús prorrumpe el Señor en esta alabanza al Padre cargada de todo lo contrario: *Te doy gracias, Padre, Señor del cielo y de la tierra, porque has escondido estas cosas a los sabios y entendidos, y se las has revelado a los pequeños. Sí, Padre, así te ha parecido bien* (Mt 11, 25-26). Es como si después de tanta tristeza por la actitud de los judíos, en especial de sus dirigentes y sacerdotes, el corazón de Cristo se desbordara y le llevara exclamar la gloria de Dios por encima de toda amargura.

Luego entraremos en el contenido de lo que dice, pero ahora no pases por alto el hecho de que el Corazón de Jesús ahoga la tristeza y la indignación en la alegría que nace de su ser Hijo de Dios y de las maravillas que Él realiza. Y no debes pasarlo por alto porque te muestra una fuente de alegría que vence toda contrariedad y que tienes dentro de ti: la filiación divina. La alegría que nace de esta verdad tan consoladora, si la dejas, arrollará como un torrente en tu alma cualquier sombra de amargura. No te ahorrará el mal trago, como no se lo ahorró el Señor que al pronunciar aquellas palabras contra Corazaín, Betsaida, Cafarnaúm y sus habitantes sufrió en su interior por la cerrazón de sus corazones. Pero te dará, como a Cristo, esa mirada que se eleva al Padre y hace llevadera cualquier tristeza y disipa cualquier angustia en el alma.

2. Jesús se alegra por lo que hace Dios, revelarse y darse a conocer a los hombres, y también por cómo ha elegido hacerlo, revelándose a los pequeños. Alegrarse en las obras de Dios, reconocer su grandeza y su belleza. A esto te enseña el Señor que es verdadero Dios, pero también verdadero hombre; y como verdadero hombre te muestra el modo de mirar y de asombrarte con lo que Dios hace por sus hijos. Pídele a Dios saber mirar, aprender de Cristo a reconocer las obras del Padre; justamente lo que no han sabido hacer tantos y tantos judíos a los que Jesús ha ofrecido sus signos. Pídele al Señor tener esa misma mirada para tener su misma alegría.

Jesús se alegra de lo que hace Dios pero, como te decía, también de cómo lo hace. Reconoce la bondad del camino elegido pero, si te fijas, no da razón de esta bondad. No dice por qué Dios ha elegido revelarse a los pequeños en lugar de hacerlo a los sabios y entendidos. Una razón que no es superflua pues nada malo hay en sí mismo en ser sabio o entendido, más bien al contrario; incluso la escritura valora la sabiduría por encima de cualquier otro bien que pueda tener un hombre. Sin embargo, no se dice nada sobre ello; tan solo la exclamación de alegría por que sea de esa manera. Quizá en esto puedas aprender a encontrar la manera que tiene Dios de hacer las cosas: su belleza y su bondad, aunque no siempre las comprendas del todo. Es más, si te sitúas en esa perspectiva, la que ve en el hacer de Dios esta armonía y esta belleza que lleva a Cristo a la exclamación, probablemente estás adoptando el punto de vista sobre las cosas de Dios que te permitirá entenderlas mejor. En las cosas de la vida interior no siempre lo primero es entender y luego querer; a veces hay que querer primero las cosas con el corazón y luego terminar de comprenderlas.

3. ¿Quiénes son los pequeños a los que el Padre se ha revelado y ha dado a conocer su intimidad en su Hijo Jesucristo? Interesa mucho saberlo para hacerse como ellos. Un poco de investigación filológica –me perdonarás esta manía de ir, de vez en cuando, a cuestiones lingüísticas– puede sernos de utilidad. La palabra griega que hay detrás de «pequeños» es –transliterando el término griego a nuestro sistema de escritura– «nepiois», que significa infante, niño pequeño, incluso bebé. Por eso, no hemos de entenderlo solo como una cuestión de sencillez, en la línea de algunas traducciones que ponen en este punto la palabra «sencillos». La sencillez es una virtud importante y muy necesaria que el mismo Cristo aprecia en el evangelio cuando la encuentra en las personas, como cuando conoció a Natanael.

Los pequeños, a los que se da a conocer aquello que se ha ocultado cuidadosamente a sabios y entendidos, son, más bien, los que se hacen como niños; conectamos de este modo con otras enseñanzas del Señor expuestas a lo largo de los relatos evangélicos. Dios se revela a quien se pone ante Él como un niño pequeño, como un bebé, ante sus padres. Es decir, ante quien se sitúa como quien ha de recibir de otro todo lo que precisa para vivir, porque así en definitiva es la vida de los más pequeños: la reciben de sus padres. Pídele a Dios contarte entre esos que se hacen pequeños porque se reconocen necesitados siempre de Dios. Así sabrás recibir de Él su reino y te dará a conocer su intimidad para que goces de ella.

DECIMOSEXTA SEMANA. JUEVES

1. Un invento ideal: la olla exprés.
2. Lo que conviene recordar para mirar hacia adelante.
3. La inteligencia y la voluntad: la fe y la caridad.

1. Fue un gran invento en su tiempo: la «olla exprés». Hoy ha sido sustituida por la llamada perfect, que tiene un funcionamiento idéntico, pero soporta presiones aún mayores, lo cual la hace más eficaz.

El funcionamiento de una y otra sigue la ley fundamental de gases, según la cual el nivel de presión es directamente proporcional a la temperatura que se aplica a un gas contenido en un sistema cerrado. Por ejemplo: cuando cierras una olla que está al fuego, la temperatura aumenta y, si lo haces herméticamente, como el gas no puede dilatarse, crece la presión, lo cual hace, a su vez, que aumente la temperatura. Lo genial de la olla exprés es, en definitiva, que los alimentos se cocinan mucho más rápidamente gracias a la elevada presión y temperatura que puede llegar a soportar.

Ahora bien, conlleva un terrible riesgo: puede estallar. Las ollas exprés son algo peligrosas: si la goma está mal, o la válvula no funciona bien... la presión es tan fuerte que quizá la tapa no aguante y salte todo por los aires. Pasa a veces: la encimera queda destrozada, toda la cocina llena de restos de comida, los fuegos irreconocibles. ¡Ay de ti como pases cerca de ella en este momento! Puede hasta matarte…

Hay cabezas que son como ollas exprés. Personas que son capaces de soportar altísimos niveles de temperatura sin decir nada: agravios, comparaciones, desprecios, «ninguneos», sinsabores. Son memorias herméticamente cerradas: no liberan todo eso que les ocurre. Poco a poco, aumenta la presión, hasta que ya no pueden más, estallan… y todo salta por los aires.

Es habitual percibir esto en las relaciones de pareja o en la vida matrimonial. Ambos trabajan; ella, media jornada. El marido llega a casa cansado y ese día no saluda por descuido a su mujer. Al día siguiente ni siquiera la llama, y al otro no avisa de su ausencia para la cena: hay un negocio que cerrar y la cosa se ha alargado. A eso se suma que (como suele ocurrir entre los maridos) no sabe ni cómo se llaman los profesores de sus hijos. Aumenta la presión en la vida de la esposa: se da cuenta de que tiene que cargar con la casa, los hijos, además de su trabajo… y encima el cónyuge es incapaz de tener el más mínimo detalle. Pero no dice nada.

Es cuestión de tiempo: dos, cuatro u ocho meses. Da igual: un día la mujer estallará, ante la absoluta incomprensión de su marido, que no entiende en absoluto qué demonios le pasa a su mujer: «se ha enfadado de repente; ha empezado por reprocharme que hace seis meses no le dije lo guapa que estaba por haber ido a la peluquería y luego no ha parado». La mirará perplejo y aún dirá que a las mujeres no hay quien las entienda.

Los enfados de una «memoria olla exprés» salpican a todo lo que pille cerca, aunque luego le duela terriblemente. ¿Cuál es la solución para quienes poseen una cabeza de estas características? Evitar por todos los medios estar herméticamente cerrado. Piensa que los enfados fruto de la memoria serán mucho más espaciados si eres capaz de abrir periódicamente tu alma en la dirección espiritual, con los amigos o amigas que puedan ayudarte o incluso con la persona querida, no perdiendo la esperanza de que pueda cambiar

2. Según decían los clásicos, las potencias del alma son tres: la memoria, la inteligencia y la voluntad. Desde que el pecado fue sembrado en los corazones de los hombres, estas facultades del espíritu humano están sujetas a corrupción y desorden. Es lo que le pasa a la memoria cuando se vive para el agravio, y sirve solo para recordar todo el mal que otros nos causaron: las ocasiones donde nos vimos despreciados, los plantones, las malas contestaciones.

Jesús no quiere que tengamos una memoria histórica capaz de decir milimétricamente lo que nos sentó mal, sino una memoria proyectada hacia el futuro, que sabe perdonar y mirar hacia adelante.

Dice el evangelio de hoy que somos dichosos porque muchos quisieron ver lo que nosotros vemos y oír lo que oímos, y no pudieron. Esas son las cosas buenas que hemos de recordar, los grandes beneficios naturales (la familia, los amigos, la salud, ¡lo que sea!) y sobrenaturales (la Eucaristía, la presencia del Espíritu Santo en nuestra alma, la ayuda maternal de María) con que Dios toma cuidado de nuestra existencia.

La memoria del amigo de Cristo es esperanza: sabe recordar las acciones de Dios en su vida y no se queda atascado en el pasado, sino que mira al futuro con ilusión.

3. La inteligencia, por el pecado, se tuerce. Ya no desea conocer las verdades sobrenaturales o aquellas que hacen referencia a lo profundo de la existencia humana: la realidad de la muerte, la vida, el bien, la justicia y la entrega. Todo eso no le interesa, sino que trata de buscar su propio provecho, se ensoberbece y se puede llegar a convertir en un potentísimo instrumento de poder.

La voluntad, por su parte, ya no es para el amor, sino que se encierra en sí misma buscando únicamente su propia satisfacción: la libertad se enfoca únicamente hacia el egoísmo, la auto-satisfacción o el personal disfrute.

Este panorama –desolador, pero tan cercano– es el que el Señor ha transformado de raíz. Con su cruz, con la obra de la redención, Jesucristo ha operado nuestra liberación del pecado y la elevación de nuestras potencias. La inteligencia del discípulo es fe, capaz de ver más allá de lo que la simple realidad le ofrece y razonar de un modo profundo, no dejándose llevar por eventuales dificultades o por los ataques del enemigo. El hombre de fe sabe descubrir a Dios en cada cosa.

La voluntad del hijo de Dios es caridad, y entiende que debe tratar de hacer de su libertad una libertad-para-el-amor, una libertad para el servicio.

Pidámosle al Espíritu Santo, terminando este rato de oración, un renovado impulso para nuestra alma, un crecimiento real en la fe, la esperanza y la caridad.

DECIMOSEXTA SEMANA. VIERNES

1. Mosca, moscón o abeja: elige.
2. La inquietud o la falta de paz impiden dar fruto.
3. Tierra buena, corazón generoso.

1. Imagina que estás rezando en una capilla que –permíteme suponer– no es la Sixtina ni tampoco la catedral de tu ciudad. Un cuarto pequeñito, un oratorio personal, casi solo para ti. El sagrario, un jarroncito de flores, un pequeño retablo, el altar ligeramente separado de los dos bancos que hay, una ventana, el suelo de mármol y una puerta detrás de ti.

Para tu infortunio, ha entrado, no se sabe por dónde, una pequeña y ágil mosca. Primero se ha apoyado en el altar; luego ha revoloteado al banco, finalmente se ha detenido en tu mano, ha hecho unos cuantos vuelos rasantes sobre tu oreja, y finalmente se está paseando por el reclinatorio. Quieres rezar, pero la inquietud de la mosca comienza a ser también la tuya. Una pequeña distracción, una gran dificultad.

Ponte en la misma situación, pero imagina ahora que lo que ha entrado es un moscón. Gordo y peludo. Muy gordo. Podría llevar una mochila de cinco kilos.

Tiene un tamaño descomunal. Los moscones no se conducen en absoluto como las gráciles moscas: ha visto la ventana. Quiere salir. Pone empeño. Va a la carga con todo su ímpetu. «¡Plas!». Nada. Ventana cerrada. Total, que ahí está el moscón, erre que erre, dale que te pego contra el vidrio. ¡Ah! Recuerda: tú sigues en el banco intentando rezar, viendo al moscón a lo suyo.

Finalmente, imagina que lo que ha entrado es una abeja. Obviemos el miedo que te puede producir su picadura, porque lo más habitual entonces sería salir corriendo y buscar la ayuda de alguien que no sucumba a tales amenazas. La abeja repara en tu presencia, así como en todo aquello que puebla tu minúscula capilla, y se dirige a las flores que en ramillete descansan al pie del sagrario. Se posa, se hace el silencio y, sin más ceremonias, extrae de cada flor todo lo que de más precioso tienen: su néctar.

Ya puedes dejar de imaginar. Lo que te he propuesto son, en realidad, tres modos de rezar (más aún, como verás, son también tres modos de vivir). El rezo tipo «mosca» es el de quien es incapaz de estarse quieto, y pasa todo el rato pensando qué tiene que hacer o dejar de hacer cuando acabe; vuela con su imaginación de un lado para otro sin estarse quietecito un minuto. La oración tipo «moscón» es la del que mira todo el rato la hora y no sabe cuándo acabará este sufrimiento, dándose de bruces contra la ventana con ansias de liberación. La plegaria tipo «abeja», en fin, es la del que, quieto y silencioso, sabe sacar todo el fruto de tan sobrenatural acto.

Ahora te pregunto: ¿mosca, moscón o abeja? ¿Qué tipo de oración es la tuya? Serénate. Reza. Disfruta.

2. Jesús quiere sembrar la semilla en todos los corazones, pero ya nos ha advertido en el evangelio de hoy que no todos lo acogen de la misma manera. También en el modo de vivir se puede ser mosca, moscón o abeja... aunque el Señor prefiere hablar del terreno en que cae la simiente.

Está la que cae al borde del camino, que no tiene tiempo para crecer ni tierra para madurar. Vida de mosca: llena de vientos sin tierra firme, incapaz de hacer silencio ni de parar un momento. Una existencia frenética e irreflexiva, un modelo vital que tiene miedo –así, miedo– a la ausencia de silencio.

El momento de apagar la luz cada noche se convierte en algo dramático: hace falta música hasta para dormir. Todo menos pensar, porque si por un momento hubiera un mínimo de lucidez, nuestra mosca podría llegar a percibir con certeza que «para qué tantas cosas, tanto quehacer, tanto no parar si todo queda en nada».

Otra semilla cae en terreno pedregoso o entre zarzas: se acepta y se escucha la Palabra de Dios, se crece –en apariencia– rápido, pero no hay fundamento, el alma es inconstante. Es el caso de los que sucumben ante la persecución, o pelean infructuosamente.

Quizás este seas tú: vives en tu fe religiosa como encerrado y, al igual que el moscón, te das constantemente golpes con la ventana, porque piensas que el mundo de ahí fuera es mejor que el de dentro. La gente parece muy feliz viviendo superficialmente: ¿por qué estos empeños de ser ficl a Dios y sobrenatural?

Mafalda –si no la conoces, investiga: es bibliografía imprescindible– se encontró en una situación similar (un moscón golpeándose con la ventana) y, al final de la viñeta, después de abrir la ventana al insecto, le gritó que no comprendía ese empeño por salir fuera... ¡con lo bien que se estaba dentro!

Tu conciencia, tu formación y, en el fondo, tu Dios no te abren la ventana; de otro modo, caminarías por esas sendas de pecado que circunstancialmente deseas y sería tu perdición. Agradéceselo. No olvides el consejo de Mafalda: se está mucho mejor dentro.

3. Pero la Palabra cae también en muchos corazones buenos: escuchan la palabra, la entienden, y dan fruto produciendo ciento, sesenta o treinta por uno.

Es un piropo precioso: corazón bueno, tierra sana. ¡Que así sea tu alma! Hombres y mujeres, jóvenes capaces de escuchar los divinos silbidos del pastor santo y meditarlos en el corazón.

No hubo mejor tierra o corazón más noble que el de María. Ella nos enseña, con su vida, a acoger las cosas de Dios en lo más profundo del alma y a meditarlas con fruto. Su vida es fuente de paz y de sosiego, porque, convencida como estaba de la continua presencia de Dios en su vida, transformó su existencia en un diálogo continuo con su Amor.

María no es ajena a nuestras preocupaciones, aunque muy pocas de ellas tocaron su vida: supo centrar toda su vocación en lo esencial, que es descansar junto al Señor. Así, fue una excelente Madre, una Esposa excepcional, y una discípula como no la ha habido ni la habrá nunca jamás.

Los agobios de la vida cotidiana no pudieron con Ella porque supo transformar cada acto –por pequeño que fuera– en una santa ofrenda a Dios: las labores de casa, el tiempo que pasaba con las amigas, la educación de Jesús, el trato con José... todo realizado con la paz del espíritu que está cerca de Dios y espera todo de Él.

Su fruto es aún hoy incalculable, porque es Madre de todos y cada uno de los cristianos.

DECIMOSEXTA SEMANA. SÁBADO

1. *La vida es batalla: elegir a Dios.*
2. *Examínate hoy, para extirpar lo que te aleja de Él.*
3. *Una decisión para la vida eterna.*

1. Ciento cinco jóvenes se preparaban para aquella convivencia. El objetivo de su peregrinación: conocer el pueblecito donde vivió san Juan María Vianney, el Cura de Ars. Como casi ninguno sabía algo de su vida, se organizó una conferencia en la que un experto expondría los aspectos esenciales de la biografía del santo. Se trataba de una charla básica, para estar debidamente preparados.

Después de una breve introducción, el ponente se detuvo a explicar dónde descansa el pueblo de Ars (al sudeste de Francia), el ambiente y las contradicciones por las que pasó la Iglesia en el siglo XIX, las dificultades del joven seminarista para llegar a ser ordenado sacerdote, sus amistades, sus devociones...

Al final, ayudado por un proyector y su pequeño ordenador, quiso que los chicos vieran un video de no más de un minuto y medio. Para sorpresa de todos, la proyección no versaba de ningún tema espiritual, ni de la vida de san Juan María Vianney, ni siquiera de la situación de la Iglesia en Francia o en el mundo. No. Se trataba de un breve montaje, presentado por una asociación americana, donde se argumentaba la belleza de las uniones homosexuales y la necesidad de legislar este nuevo modo de relación en términos semejantes al matrimonio natural, incluyendo, claro está, la adopción de hijos. Aparecían parejas de hombres o de mujeres, con niños corriendo por casa, en una existencia feliz, paradisíaca, planteado como un modelo de convivencia.

El estupor del auditorio fue generalizado. ¿A qué viene esto? El ponente acabó con palabras definitivas: «el Cura de Ars lo tuvo muy claro. La vida es batalla. En este mundo hay dos fuerzas y hay que optar por una de ellas. Evidentemente no son dos fuerzas en igualdad de condiciones, pues Dios es todopoderoso y gobierna todas las cosas, pero lo cierto es que los hombres tenemos que tomar partido decididamente por Él. El Cura de Ars lo hizo: su pasión por Dios y sus cosas fue la nota dominante de su vida. ¿Vosotros?».

Fue entonces cuando miró detenidamente a cada uno, y añadió: «mientras otros tienen claros sus objetivos y gastan su tiempo y su dinero en hacer comprensible y atractivo su mensaje... ¿tú, qué haces? ¿Cuánto tiempo gastas en formarte en las cosas de Dios, en ser original a la hora de mostrar la belleza de la vida cristiana? ¿O bien gastas tu vida dando una, dos o tres vueltas a esa serie de televisión que te apasiona? Pues tenedlo claro: mientras te repanchingas en el sillón viendo frivolidades una y otra vez, los otros hacen su trabajo y se lo toman muy en serio».

Piénsalo, porque también lo dice el evangelio: *mientras los hombres dormían, un enemigo fue y sembró cizaña en medio del trigo y se marchó* (*Mt* 13, 25). ¿Duermes?

2. No sabemos si estamos al comienzo del partido, en el *extra time* de la primera parte, o a mediados de la segunda. Lo cierto es que la contienda aún no ha terminado, y no tiene pinta de que vaya a acabar ya. Estamos seguros de que un día Cristo pitará el final, se acabará el mundo, los hombres serán juzgados... pero, ¿hasta ese momento?

Entonces fueron los criados a decirle al amo: «Señor, ¿no sembraste buena semilla en tu campo? ¿De dónde sale la cizaña?». Él les dijo: «Un enemigo lo ha hecho». Los criados le preguntan: «¿Quieres que vayamos a arrancarla?». Pero él les respondió: «No, que al recoger la cizaña podéis arrancar también el trigo. Dejadlos crecer juntos hasta la siega (*Mt* 13, 27-30).

Trigo y cizaña crecen juntos en el mundo. Pero crecen mezclados también dentro de nosotros. Es fácil entender esta parábola aplicándola genéricamente a todo el mundo y deducir que nosotros somos trigo y otros, cizaña. Sin embargo, es igualmente cierto que la cizaña prospera en nuestro interior a la vez que el trigo, y Cristo no enviará a sus ángeles a segar hasta el final de los tiempos.

Dile al Señor que quieres examinarte ahora mismo, a solas con Él, y encontrar tu particular cizaña, para no tener que ser juzgado el último día por esas malas hierbas. Dile que quieres entrar a fondo en tu conciencia y, como san Francisco de Sales, di: «quiero condenarme, acusarme y corregirme, para que en aquel día no seas tú, Señor, el que te veas obligado a condenarme: me confesaré y aceptaré los consejos oportunos»[1].

3. No tendría aún ocho años y con devoción rezaba el credo, si bien con su particular interpretación: «al tercer día resucitó y vendrá a "jugar" con vivos y muertos». Es verdad que vendrá a «jugar» con ellos... pero primero los «juzgará», y luego «jugará» solo con algunos.

Cuando llegue la siega diré a los segadores: Arrancad primero la cizaña y atadla en gavillas para quemarla, y el trigo almacenadlo en mi granero (*Mt* 13, 30).

Venía de terminar el «Moisés», que hoy descansa con toda su majestad en la iglesia romana de San Pietro in Vincoli. El papa le había pedido que cambiara el martillo y el cincel por el pincel para ejecutar una nueva obra maestra: el «Juicio final» de la capilla Sixtina. Empleó no menos de ocho o nueve años. En la Navidad de 1541 fue descubierta, cuando el autor contaba con sesenta y siete años.

En esta descomunal pintura, especial patetismo es el de los condenados. Grupo terrible: cizaña lanzada al fuego. A un agudo observador le generó tal sobrecogimiento que aún palpita en sus palabras: el más horrible grupo representado en la Sixtina «es aquel en que el arte de Miguel Ángel se muestra en toda su terrorífica grandeza: son los proscriptos, fulminados por la sentencia divina y arrastrados al suplicio por los ángeles rebeldes. El espectador más frío no podría resistir la visión de semejante espectáculo: pareciera que nos hallamos en el infierno; se oyen los gritos de dolor y el rechinar de dien-

---

[1] San Francisco de Sales, *Filotea. Introduzione alla vita devota*, 51.

tes de los miserables que, siguiendo la terrible expresión dantesca, desean en vano una segunda muerte»[2].

Elegir a Dios y no al enemigo no es solo una determinación para este tiempo, sino que perdura para la vida eterna.

---

[2] A. DUMAS, *Pintores del renacimiento*, 49.

DECIMOSÉPTIMO DOMINGO. CICLO A

1. Vender: ¡cuánto amo tu voluntad, Señor!
2. Comprar: pedir la luna.
3. Inmediatamente.

1. Dos son palabras del Divino Salvador. La tercera, es cosecha propia. Todas juntas constituyen la guía de nuestra oración de hoy. *Vender y comprar* –un tesoro, una perla– tal como dice el Señor en el evangelio. «Inmediatamente», adverbio que añado yo mismo y que no creo que entre en disonancia con el divino discurso.

El reino de los cielos se parece a un tesoro escondido en el campo: el que lo encuentra, lo vuelve a esconder y, lleno de alegría, va a vender todo lo que tiene y compra el campo. El reino de los cielos se parece también a un comerciante de perlas finas, que al encontrar una de gran valor se va a vender todo lo que tiene y la compra (Mt 13, 44-45).

Toca, por tanto, vender a causa de la alegría de lo encontrado. Buscar a Jesús tiene el bendito riesgo de que Él mismo te pida la venta de todo lo tuyo. El miedo se mezcla con la alegría; el vértigo con la emoción. ¿Por qué yo? ¿Por qué?

Encontrar la perla es sinónimo de venderlo todo. Hallar el tesoro es idéntico a ceder cuanto se posee. Cada uno según su camino, cada una según lo que Dios tiene preparado para él. La pregunta es decisiva: «¿cómo podré saber, oh Señor, qué es lo que tienes dispuesto para mí?».

Todos los santos, en unánime concordia, independientemente de que se hayan dedicado a los pobres o a los más pobres, en la clausura o en la misión, en la ciudad o en el campo, en la vida secular o en la religiosa, han referido la necesidad de orar. Rezar. Dirigirse a Dios, para poder clamar con el salmista de hoy que también nosotros amamos sinceramente la voluntad de Dios. *Cuánto amo tu voluntad, Señor*. Repíteselo muchas veces, para que se haga verdad en tu vida. *Cuánto amo tu voluntad...*

Dios habla en el silencio de la plegaria y revela su divino querer. En la primera lectura, escuchamos cómo Dios otorgó a Salomón el privilegio de concederle el deseo que quisiera. El gran rey pidió sabiduría. No cabe duda de que lo hacía inspirado por el mismo Dios de Israel; sabiduría para comprender los caminos del Señor. De nada sirve riqueza o pobreza, salud o enfermedad, amor o desamor, si caminamos fuera de la senda preparada por Dios para cada uno de nosotros.

Concede, pues, a tu siervo, un corazón atento para juzgar a tu pueblo y discernir entre el bien y el mal (*1 R* 3, 9), imploramos con Salomón. Porque Dios puede, nuevamente, llevar a término nuestros deseos, y volver a decir: *yo obraré según tu palabra: te concedo, pues, un corazón sabio e inteligente, como no ha habido antes de ti ni surgirá otro igual después de ti* (*1 R* 3, 12).

Acércate a Dios –otra vez– como a la perla escondida, como al tesoro oculto.

2. *Comprar.* Francisco de Javier encontró la perla escondida con la ayuda de san Ignacio de Loyola. Él le mostró con su testimonio y su palabra la belleza del tesoro oculto. Su pasión por el reino de Dios le llevo a embarcarse en las naves que se dirigían hasta el fin del mundo. Llevó el evangelio a lugares escondidos de India y de Japón. La muerte le halló mientras alimentaba su deseo de evangelizar a los chinos. San Francisco de Javier vendió cuanto tuvo, y halló algo mucho más grande. Ciento por uno en padres, madres, hermanos... y en persecuciones. La alegría del evangelio. La vida del Espíritu.

Era el tres de diciembre de 1931, fiesta de san Francisco Javier. En sus cuadernos de oraciones, san Josemaría Escrivá de Balaguer escribía, movido por el entrañable celo e indescriptible ardor del santo navarro, palabras recogidas más tarde en la obra *Camino*. Rezaba así:

«Ser pequeño: las grandes audacias son siempre de los niños. —¿Quién pide... la luna? —¿Quién no repara en peligros para conseguir su deseo?

"Poned" en un niño "así", mucha gracia de Dios, el deseo de hacer su Voluntad (de Dios), mucho amor a Jesús, toda la ciencia humana que su capacidad le permita adquirir... y tendréis retratado el carácter de los apóstoles de ahora, tal como indudablemente Dios los quiere»[1].

---

[1] *Camino*, 857.

Quien vende todo cuanto tiene (y se hace pequeño), halla el rostro del apóstol que Dios quiere: «personas capaces de pedir la luna». Hay algunos que nunca se entregarán a Dios porque piensan que tienen o valen muchísimo. Son demasiado adultos para hacerse niños. Tan grandes se hicieron... que perdieron la inocencia del que confía en quien puede lograrlo todo.

Ya sea célibe o casado, sacerdote o laico, en medio de las ocupaciones o retirados tras los muros de un convento; todos ellos –compradores de la perla escondida– mostrarán la belleza del negocio que les costó la vida.

3. «Inmediatamente». Era miércoles cuando Santiago y don Adolfo se encontraron tras varios años, con motivo de una conferencia de un obispo español. Después de la episcopal disertación, compartieron unas palabras en un entretenido vino español. Aprovecharon para contarse muchas cosas. Santiago acababa con éxito y buenas notas su carrera de Derecho. Don Adolfo, por su parte, andaba preocupado con sus proyectos... y pensó que podría contar con el muchacho para uno –el más bonito– de cuantos traía entre manos.

Faltaban voluntarios para el campamento urbano que estaba montando en el poblado chabolista situado al final de su término parroquial. Sesenta niños gitanos corrían el riesgo de quedarse sin esos días de entretenimiento sano y formación a causa del bajo número de colaboradores. Don Adolfo se lo comentó a Santiago. El joven, entusiasmado, prometió dedicar algunos días de su Semana santa a los más pobres.

A la mañana del día siguiente, cuando don Adolfo abrió su correo electrónico, tres mensajes le recordaron la necesidad de responder a Dios, inmediatamente, sin vacilar, sin volver atrás.

En el primero, Santiago le decía que era mucho esfuerzo para él. Además de tener que estudiar, estaba trabajando y presentaba sus disculpas.

En un segundo correo titulado «olvida todo lo anterior», afirmaba que finalmente iría al campamento, animado sobre todo por un amigo que también se había apuntado. En la tercera misiva, escribía a la responsable de voluntarios, manifestando la disponibilidad de ambos.

Quien encuentra la perla, y no vende inmediatamente cuanto tiene, corre el riesgo de no comprarla jamás. La inmediatez de la respuesta viene exigida no tanto por un imperativo moral, como por el entusiasmo del que encuentra. Lo dice el evangelio: venden por la alegría del hallazgo. El enamorado, por ejemplo, vende muchos de sus caprichos y antojos con tal de agradar a la persona amada. Y lo hace con alegría; no turbado por la pérdida, ni con el ánimo ensombrecido de quien hace un esfuerzo ímprobo. ¡Lo hace por amor!, y ya es suficiente premio.

Cuando dejamos un tiempo que va más allá de lo prudente para decidir si lo que Dios quiere es oportuno o no... ten por seguro que acabarás por considerar la voluntad de Dios como excesivamente exigente. Te parecerá muy bien lo que ya haces, querrás quedarte donde estás... y dejarás de pedir la luna para conformarte con una *monster high* o con el «barco pirata de *playmobil*».

Porque ser de Dios es tener por horizonte el cielo... y por norma, el amor.

DECIMOSÉPTIMO DOMINGO. CICLO B

1. Recibir a Cristo Eucaristía: alimento para el alma.

2. Participar activamente de la Misa.

3. Si no entendemos su presencia en la Eucaristía no hemos entendido nada.

1. Mil peregrinos caminando juntos por el camino de Santiago. Como un verdadero ejército. La peregrinación de jóvenes se dirigía a Compostela para encontrarse con el Apóstol y, sobre todo, con Cristo mismo.

Las jornadas eran maratonianas. El calor, muy intenso. Caminatas de 30 o 35 kilómetros a pie, con la dificultad añadida de un grupo tan enorme en movimiento. Continuos parones, con todo lo que supone encontrar un sitio donde puedan descansar mil personas: cortes en la carretera, caminos estrechos... Tampoco era fácil arreglarse en los lugares de destino. Polideportivos, casas de peregrinos, aparcamientos públicos: cualquier sitio era bueno para acoger a tal masa humana.

El ambiente, por lo general bueno, estaba ligeramente viciado aquella tarde. A las dificultades habituales se añadía que, ese día, tanto el aseo como la comida habían sido de muy difícil acceso. El ánimo de buena parte de los peregrinos se había encrespado.

El plan de la tarde era todos los días el mismo: mucho tiempo libre para asearse y recuperar un poco el aire, antes de la celebración de la Misa presidida por el Obispo, en principio a las ocho.

Por fin, poco antes de la hora prevista, los mil peregrinos se reunieron de mala gana en un campo de fútbol donde estaba preparado todo para la Eucaristía. Y fue precisamente entonces cuando la situación dio un vuelco.

El evangelio era exactamente el de hoy: Jesús pide a Felipe pan para alimentar a una muchedumbre, a lo que el apóstol contesta que es imposible dar de comer a tantos. Jesús les ordena que se sienten en la hierba y, con los pocos panes y peces que aporta un muchacho de aquella multitud, consigue alimentar a todos y a cada uno.

Después de la lectura del evangelio, el Obispo mandó que todos se sentaran. Explicó a los jóvenes que la escena se reproducía: sobre el césped del campo de futbol, una multitud ansiosa deseaba ser alimentada por Cristo. Él es el protagonista de la vida, y a Él hay que ofrecerle todo.

Todos sin distinción tenían la oportunidad de experimentar cómo Cristo es capaz de saciar a los hombres: bastaba confiar en Él y darle lo poquito que tenemos. Independientemente de los ánimos que cada uno tenga, Cristo está dispuesto a alimentar hasta saciarse a todos los que quieran escucharlo.

Sí: todo cambió después de esa Misa. Desapareció cualquier sombra de mal ambiente, los sacerdotes tuvieron que ponerse a confesar ininterrumpidamente, había alegría, mucha alegría y grandes deseos de cambio. El predicador y el Espíritu Santo habían conseguido mostrar una cosa que, en realidad, sucede todos los días:

«Recibir a Cristo en la Sagrada Hostia sacia verdaderamente el corazón del hombre y cura sobradamente las heridas del alma».

2. La participación activa de los fieles en Misa no consiste en leer las lecturas, pasar la colecta o hacer las peticiones. No, no es cuestión de hacer cosas durante la celebración. La *actuosa participatio*, es decir, la participación de la Eucaristía que cambia los corazones, es la de aquellos que viven la Misa asociándose al misterio de Cristo. Lo explico.

Vivir la Misa es hacer que transforme nuestra vida: que el sacrificio de Cristo sea un sacrificio mío. ¿Cómo? Poniendo nuestro cuerpo y nuestra alma junto a Su Cuerpo y a Su Alma. Como el chico del evangelio de hoy, hemos de poner en el altar nuestros panes y nuestros peces. Aquel muchacho tenía cinco trozos de pan y un par de pescados; nosotros tenemos nuestras capacidades, ilusiones, amores, amistades y valores: pongámoslo todo en cada Misa sobre el altar, muy cerquita de los sagrados dones de pan y de vino.

Algunos siguen un truco que me parece muy útil, y que te propongo a continuación. Cuando el sacerdote presenta el pan en el altar con las palabras de la liturgia («bendito seas Señor, Dios del universo por este pan...»), tú trata de llenar el copón con todas tus buenas obras. Ofrece interiormente a Jesús todo lo que ese día o esa semana has hecho: ilusiones, diversiones, trabajos, proyectos, amores, decepciones.

A continuación, durante la presentación del vino («bendito seas, Señor Dios del universo por este vino...») se te brinda una ocasión propicia para llenarlo con tus mortificaciones y sacrificios, porque el vino se convertirá en la sangre que Cristo derramó por cada uno de nosotros. Con el corazón, en diálogo con Jesús, le cuentas todas esas cosas que te cuestan, que no puedes, que te resultan muy cuesta arriba, y que, sin embargo, a golpe de esfuerzo y amor, consigues sacar casi siempre adelante. Pon todo eso en el cáliz, así tu abnegación será para otros fuente de vida.

3. «Si no habéis entendido la centralidad de la Eucaristía en vuestra vida –concluyó el Obispo delante de los mil jóvenes– recordad que no habéis entendido absolutamente nada».

Se hizo un silencio que podía cortarse. Comenzaba la liturgia de la Eucaristía. Los corazones sosegados: cientos de jóvenes descubrieron una tarde del camino de Santiago que la Misa y la presencia sacramental de Jesús en la Eucaristía son, con mucho, el centro y la raíz de la vida interior. Te sugiero un par de textos de un santo contemporáneo que supo ponerlo por obra, y que han servido a muchos y a muchas a darse cuenta de la importancia del sacrificio del Altar.

«Considera lo más hermoso y grande de la tierra... lo que place al entendimiento y a las otras potencias..., y lo que es recreo de la carne y de los sentidos... Y el mundo, y otros mundos, que brillan en la noche: el Universo entero. Y eso, junto con todas las locuras del corazón satisfechas..., nada vale, es nada y menos que nada, al lado de ¡este Dios mío! –¡tuyo!–, tesoro infinito, margarita preciosa, humillado, hecho esclavo, anonadado con forma de siervo en el portal donde quiso nacer, en el taller de José, en la Pasión y en la muerte ignominiosa... y en la locura de Amor de la Sagrada Eucaristía»[1].

«¿Has pensado en alguna ocasión cómo te prepararías para recibir al Señor, si se pudiera comulgar una sola vez en la vida?

Agradezcamos a Dios la facilidad que tenemos para acercarnos a Él, pero... hemos de agradecérselo preparándonos muy bien, para recibirle»[2].

[1] *Camino,* 432.
[2] *Forja,* 828.

DECIMOSÉPTIMO DOMINGO. CICLO C

1. Tú eres tres, nosotros somos tres..., concédenos tu gracia.

2. En el Padrenuestro, la instrucción se vuelve plegaria.

3. Una oración que es compendio de nuestras peticiones y puerta de entrada al Festín del Reino.

1. «El arzobispo de Arkangelsk navegaba hacia el monasterio de Solovki»[1], nos cuenta Leon Tolstoi en su precioso cuento *Los tres ermitaños*. De ellos poco o nada se sabía. Tan solo un comerciante pudo indicarle vagamente que en un islote cercano habitaban tres hombres que se habían retirado años atrás en soledad con el único objetivo de orar por la salvación de los hombres. El arzobispo, comido por la curiosidad y el celo pastoral, decidió poner rumbo a aquel lugar apartado.

Cuando llegó a la minúscula isla, encontraron a tres hombres barbudos cuya apariencia revelaba el paso de los años y la austeridad de sus costumbres.

---

[1] Cuento disponible en https://elcarmenmalaga.es/palmeral/los-tres-ermitanos/ También para las citas que siguen, siempre que no se indique lo contrario.

—He sabido que aquí trabajan por la eterna salvación –afirmó el arzobispo–. Por la gracia del Altísimo, yo, su servidor indigno, he sido llamado a apacentar sus ovejas, he querido visitarlos, puesto que al Señor sirven, para traerles la palabra divina.

Los ermitaños permanecieron silenciosos, se miraron y sonrieron.

—Díganme cómo sirven a Dios –continuó.

El ermitaño que estaba en medio suspiró y lanzó una mirada al viejecito.

El gran ermitaño hizo un gesto de desagrado y también miró al viejecillo.

Éste sonrió y dijo:

—Servidor de Dios, nosotros no podemos servir a nadie sino a nosotros mismos, ganando nuestro sustento.

—Entonces ¿cómo rezan? –preguntó el prelado.

—He aquí nuestra plegaria: «Tú eres tres, nosotros somos tres..., concédenos tu gracia».

El arzobispo consideró que esa plegaria no era del todo conforme a la gloria debida al creador, y respondió: «Sin duda han oído hablar de la santísima Trinidad, pero no es así como hay que rezar. Les he tomado afecto, venerables ermitaños, porque veo que quieren ser gratos a Dios, pero ignoran cómo se le debe servir. No es así como se debe rezar: escúchenme, porque voy a enseñarles. Lo que van a oír está en la Sagrada Escritura de Dios, donde el Señor ha indicado a todos cómo hay que dirigirse a Él».

Tomando pie del evangelio que escuchamos en la liturgia de hoy, el arzobispo puso todo su empeño en enseñarles el padrenuestro. No fue tarea fácil. Sus torpes inteligencias no eran capaces de recordar las palabras.

Costó un día entero. Finalmente, la empresa fue exitosa, y los tres hombres de Dios llegaron a recitar de corrido la oración.

El arzobispo y sus acompañantes se hicieron inmediatamente a la mar. Era ya noche cerrada, y sin embargo no todos dormían: el prelado, absorto en sus pensamientos, reflexionaba acerca de aquella particular visita pastoral. Fue entonces cuando, preso de la sorpresa, vio aparecer caminando sobre las aguas a los tres ermitaños que se dirigían a la nave despidiendo un brillo de inefable blancura.

«Servidor de Dios, ya no sabemos lo que nos has hecho aprender. Mientras lo hemos repetido nos acordábamos, pero una hora después de haber cesado de repetirlo se nos ha olvidado y ya no podemos decir la oración. Enséñanos de nuevo.

El arzobispo hizo la señal de la cruz, se inclinó hacia los ermitaños y dijo:

—¡La plegaria de ustedes llegará de todos modos hasta el Señor, santos ermitaños! No soy yo quien debe enseñarles. ¡Rueguen por nosotros, pobres pecadores!».

Y es que, muy por encima de las palabras que podamos repetir en nuestra oración, está la sinceridad del corazón que reza sencillo, humilde, y eleva a Dios el canto de su plegaria más sincera. «Señor, concédenos tu gracia».

2. «El Sermón de la Montaña es doctrina de vida» afirma el *Catecismo*, «la Oración dominical es plegaria, pero en uno y otra el Espíritu del Señor da forma nueva a nuestros deseos, esos movimientos interiores que animan nuestra vida. Jesús nos enseña esta vida nueva por medio de sus palabras y nos enseña a pedirla por medio de la oración. De la rectitud de nuestra oración dependerá la de nuestra vida en Él»[2].

En el discurso de las bienaventuranzas, Jesús formuló de modo concreto cómo ha de ser el caminar del cristiano. Allí reconocemos la altura del amor al que Dios nos llama: es un discurso de alta montaña. Los discípulos escucharon entonces que la felicidad pasa por llorar y padecer, ser limpio de corazón y pobre, pasar hambre, sed y ser perseguido por ese Amor con mayúscula que es capaz de llenarlo todo. Cristo les animaba –como nos anima a ti y a mí– no solo con la promesa del cielo, sino con la realidad actual, encarnada en Él mismo y en la vida de los santos, de que vale la pena vivir bajo el único estandarte de la caridad, cueste lo que cueste.

En la oración del Padrenuestro, la instrucción se vuelve plegaria y la enseñanza, súplica. Al recitarlo sinceramente, ordenamos todos nuestros afectos para perseguir el deseo más grande: la santidad. Rézalo despacio. Verás cómo el conjunto de alabanzas que jalonan la primera parte, y las peticiones que la completan, te ayudan a ver más claro.

Ocurre a menudo que, tanto las bienaventuranzas como el Padrenuestro, nos parecen cosas demasiado sabidas, ya casi intrascendentes. Si eso te ocurre, ten por seguro que obedece a la calculada y pérfida labor del enemigo de las almas.

Tú, en cambio, párate, no pienses que ya lo sabes. Toca detenerse en ellas; dejarse impresionar por la palabra y la plegaria de Cristo; suplicar humildemente al

---

[2] CEC, 2764.

Dios Trino que nos conceda la gracia de entender un poco de su divina enseñanza. Así, solo así, podremos aspirar a llegar con seguridad al lugar magnífico al que estamos llamados todos los cristianos: la vida en Dios.

3. La oración del Señor encuentra un puesto bien concreto en el conjunto de la celebración de la Misa. Justo después de la plegaria eucarística, e inmediatamente antes de la liturgia de la comunión, todos rezamos juntos el Padrenuestro.

En esta plegaria, se recapitulan todas las peticiones que hemos podido poner en el altar mediante la participación atenta en la Misa. Es como un resumen de todos nuestros afanes, de todas nuestras súplicas. En las frases del Padrenuestro nos unimos en la única plegaria a Dios. Es la palabra final que expresa la inquietud de nuestro corazón acerca de la presencia real de Cristo en las especies eucarísticas.

Por otra parte, al rezarlo justo antes de comulgar, el Padrenuestro «llama a la puerta del Festín del Reino que la comunión sacramental va a anticipar»[3]. Es como la puerta de entrada a la comunión con Jesús. Ten por seguro que nuestras comuniones serían más devotas y candorosas si alcanzáramos a rezarlo sin rutina, encendidos por el Espíritu de Dios. Es Él, en definitiva, quien clama en nosotros a través de la oración que se dignó enseñarnos.

---

[3] CEC, 2770.

DECIMOSÉPTIMA SEMANA. LUNES

1. Mi secreto es para mí.
2. Guardar silencio para reconocer la
obra de Dios en mi vida.
3. Dios elige algunos momentos para contarnos sus secretos.

1. Mediaba el siglo XIX en la Inglaterra Victoriana: el Imperio británico gobernaba o ejercía influencia sobre gran parte de la tierra. Brillantes inteligencias adornaban la sociedad británica. Conocido por todos, J. H. Newman fue uno de los protagonistas esenciales de su tiempo.

El profesor de Oxford, *fellow* de Oriel College, pastor anglicano e intelectual de reconocido prestigio, inició en 1830, unido a algunos colegas y amigos, un movimiento de renovación de la iglesia de Inglaterra. Lo llamaron la *via media*. Buscaban el modo de comprender su fe cristiana en la máxima fidelidad a Cristo, frente a la creciente influencia de doctrinas protestantes que venían, como oleadas, del continente.

El trascurso de ese decenio fue definitivo para su vida. En 1840 Newman se retira a una localidad próxima a Oxford y abandona la enseñanza. Duda: ha comenzado a pensar que para ser de verdad fiel a la doctrina de Cristo es necesario hacerse católico romano. La sola idea de caer bajo la obediencia de Roma le horroriza. Durante cinco años, Newman lucha a brazo partido por conocer sinceramente la verdad. En 1845 consumó su paso a la Iglesia católica. La conmoción que sacudió Inglaterra es difícil de describir: era un personaje demasiado bien conocido cuyo prestigio trascendía todos los ambientes.

El cambio no fue sencillo, pero Newman logró llevar calladamente los pesares que le produjo. Sin embargo, un artículo infamante aparecido en un periódico de gran tirada le calificaba como un mentiroso y calumniador. Ya no era posible guardar silencio. Para un inglés tal acusación era intolerable porque atentaba muy directamente contra su honor. Además, no sabía quién era su acusador, que había dejado su firma mediante dos sencillas iniciales: C. K.

Se propuso responderle, si bien su sorpresa fue mayúscula cuando, en un segundo ataque por fin se descubrió la identidad del autor: Charles Kingsley, nada menos que el capellán de la reina, ¡uno de los personajes más importantes de la Inglaterra victoriana!

Newman no se arredró. Su palabra estaba en juego. Semanalmente, junto con el periódico, publicó en 1864 unas páginas donde el converso explicaba la «historia de sus ideas religiosas». En los kioscos se quitaban el cotidiano de las manos: todo el mundo lo leía. Quería defenderse de las mentiras que se habían vertido sobre él, y consideró que lo más oportuno era explicar cómo había llegado al convencimiento de la necesidad de hacerse católico romano.

Todo ese conjunto de «separables» fue reunido luego en una obra: la *Apologia pro vita sua*, título inspirado en otro de san Atanasio: *Apologia pro fuga sua*. En ambos casos el propósito era idéntico: defenderse a sí mismo.

Comienza su *Apologia* de un modo maravilloso. «Mi secreto es para mí», afirma citando al profeta Isaías. La obra de Dios en mi vida –prosigue con parecidas palabras– es un secreto que debo guardar en mi corazón y que es garantía de mi intimidad con Dios. Tengo algo que no puedo contar a nadie: cómo Dios me llamó para sí, me quiso suyo, me mostró la verdad y me persuadió desde lo más íntimo de mi corazón. Las circunstancias, no obstante, me obligan a contar al menos parte de mi secreto escondido...

El corazón de san John Henry Newman era propio de un enamorado de Dios, capaz de guardar secretos de intimidad amorosa con Él. Es natural: los enamorados no cuentan en la plaza lo que secretamente hablaron en sus paseos de atardecer. Sería como vaciarse.

Piensa ahora, delante de Dios, si tienes secretos con Él; cosas profundas que sean solo para ti: *secretum meum mihi*.

2. El ataque furibundo e injusto de Charles Kingsley obligó a Newman a, de algún modo, hacer público su secreto. Lo hizo, sin embargo, con discreción.

En la *Apologia* nos cuenta como aprendió diversas virtudes de sus maestros: la amistad con tal pastor anglicano, la lectura de uno u otro autor, la influencia decisiva de determinadas relaciones, la importancia de sus grandes inquietudes intelectuales... poco a poco, repasa lo que de algún modo es la historia que Dios tenía preparada para él y que se había tejido silenciosamente en su alma para conformar un bellísimo cuadro final: John Henry Newman, sacerdote católico.

La *Apologia* y las *Confesiones* de san Agustín son consideradas como las dos autobiografías cristianas más importantes de la historia. Es incalculable el bien que ambas han causado en los corazones de sus lectores.

Tenemos secretos en nuestra alma: de nuestra relación con Dios, de lo que pensamos sobre la vida, la muerte, los demás, ¡todas las cosas! Poco a poco, nuestra vida se va llenando de historias y relaciones que, mirando hacia atrás, se revelan cargadas de significado: alegrías, sufrimientos, amistades, dolores, incomprensiones, amores, traiciones, luces, también pecados… miles de cosas que en su momento no entendimos del todo, y años después se descubren como parte de un plan que, casi sin darnos cuenta, concluye en acercarnos a Dios.

Tales secretos del alma conviene no contarlos, salvo algunas excepciones o situaciones extraordinarias. Hay una moda de descubrir la interioridad a todo el mundo: como si mi vida interior fuera patrimonio de la humanidad. O como si fuera gozoso vender la propia intimidad al primero que la requiera.

Frénate. Aprende el maravilloso mundo de la intimidad.

3. Ahora bien, en otras ocasiones es oportuno contar algunas cosas. Mira las palabras de Isaías que recoge el evangelio de hoy: *abriré mi boca diciendo parábolas; anunciaré lo secreto desde la fundación del mundo* (*Mt* 13, 35).

Dios mismo consideró que hubo un momento conveniente para revelar secretos que ninguno conocíamos. Lo hizo a través de Jesucristo: mediante su palabra y su obra nos mostró el inmenso amor de Dios a los hombres.

Lo que resulta llamativo es que Mateo refiera esta cita de Isaías no después de un gran milagro o una acción prodigiosa, sino a continuación de un discurso bastante sencillo en que Jesús compara el reino de los cielos al grano de mostaza y a la levadura. Es bonito pensar que *lo secreto de Dios, escondido desde la fundación del mundo* es algo sencillísimo: un reino que es humilde, pequeño como la mostaza o la levadura; un reino que se esconde en medio de la tierra o de la masa; un reino que es capaz de dar cobijo a las almas, como un árbol a los pajarillos; un reino, en definitiva, que transforma toda la masa y la hace alzarse por la acción disimulada de la sencilla levadura.

Este es el secreto que hoy Dios quiere comunicarte: que seas humilde, que te escondas en tu sociedad, en medio de los tuyos, que tengas tal nivel de intimidad con tu Dios y con los demás que otros sean capaces de anidar en tus ramas y que tengas tanto amor al Señor que puedas alzar con su gracia toda aquella masa (tu familia, tus compañeros, tus amigos) que te rodea.

DECIMOSÉPTIMA SEMANA. MARTES

1. El fruto del trabajo de Jesús en ti.
2. Cuidado con la cizaña del demonio.
3. En todo amar y servir.

1. Una de las cosas que más ilusionan cuando se es pequeño es ponerse en la cocina y que tu madre o tu padre te ponga un boli en la cabeza y haga una marca. ¡Mido todo esto! El momento más feliz es cuando al cabo de un tiempo volvías y... ¡habías crecido! Y no podías dejar de mirar las marcas y de compararlas; y una profunda satisfacción interior te inundaba. ¡Mido todo esto!

Un día Jesús puso en ti la buena semilla y la semilla ha ido dando su fruto. Un día te bautizaron, aunque no te acuerdes –qué cosas, ¿verdad?–, y esa semilla del amor de Dios por ti fue creciendo, poco a poco, pacientemente. Años después, Jesús salió a tu encuentro para que reconocieras en Él la buena semilla que plantó en ti: una visita con el colegio que despertó en ti el amor a Jesús en pobreza, un sacerdote del que no esperabas que te ayudara a amar cada día más a Jesús, unos amigos que te ayudaron a ser más del cielo, etc. Por eso, echa la vista atrás. Mírate, mira a Jesús, y contempla, con infinito estupor, la obra que Jesús ha hecho en ti. La semilla ha crecido, como las marcas de tu estatura fueron subiendo. Si la miras cada día parecerá que siempre está igual pero cuando tomas distancia descubres el inmenso trabajo que Jesús ha hecho en ti. La buena semilla ha dado su fruto. Ha sido Jesús quien pacientemente te ha ido encontrando a pesar de que a veces le hemos evitado; te ha encontrado y encendido en ti la buena semilla de su amor infinito por ti y, al descubrirla, ya no quieres otra cosa.

«Mi vida para Tu gloria» –¡ojalá se lo digas al Señor!–, «no quiero nada más. Gracias por enseñármelo». Ese es fruto de la buena semilla. Hace apenas un par de años tal vez fueras incapaz de pronunciar esas palabras y ahora, mírate, mira a Jesús y dale gracias por todo: las alegrías, las cruces que han purificado y seguirán purificando tu amor por Él, los amigos, las amigas, los consejos en la dirección espiritual, las dificultades, la espera…, todo eso han sido los medios de los cuales se ha servido Jesús para hacerte fructificar. Si lo piensas con calma un momento, seguro que se dibuja una sonrisa en tu alma. ¡Gracias Jesús!

2. Ten cuidado, el demonio es listo, muy listo. En medio del trigo siembra la cizaña, y esta a veces crece y parece que ahogará la buena semilla. Acepta, con paciencia, los tiempos de Dios. Al demonio le repatea que los hijos de Dios brillen como el sol, por eso utilizará siempre todas sus armas para apagar la luz de Jesús en ti. Buscará por todos los medios enfriar tu corazón para que llegues a pensar que el amor de Jesús se ha evaporado, o sembrará en tu alma el cansancio y las dudas, haciéndote ver lo que te falta y no lo que ya posees.

Es muy común. Después de un tiempo de intensa amistad con Jesús el demonio aparecerá sí o sí para intentar sembrar cizaña en ti: «¿ves?, aún te falta mucho; ¿ves?, ya no experimentas a Jesús tan cerca; ¿ves?, sigues siendo el mismo, la misma». Cuando eso suceda, ¡enhorabuena!, vas por el buen camino. Eso sí, te dolerá un poquito. La receta para ignorar al demonio es sencilla: sábete pobre, muy pobre. No confíes en tus fuerzas sino en la gracia de Dios –mira el fruto que ha dado la buena semilla–, no mires lo que te falta porque siempre será infinito pues no merecemos el amor de predilección de Jesús por nosotros, abraza la cruz, únete a ella para unirte a Jesús. Sin amor a la cruz nunca saciarás su sed. La cruz separa el trigo de la cizaña, purifica la buena semilla, pero es signo de que Jesús se ha fijado en ti para hacerte uno, una con Él. San Ignacio de Antioquía, camino del martirio en Roma decía: «soy trigo y soy molido por los dientes de las fieras para mostrarme como pan puro de Cristo»[1]. El corazón siempre en la cruz, así la cizaña no arraigará en ti.

3. «En todo amar y servir»[2]. Esta frase de san Ignacio de Loyola es preciosa, pero... cuando Jesús te concede ese deseo, duele. Duele, pero es el dolor propio de quien ama mucho. Si el amor no duele, es un falso amor, tenlo por seguro. Amar supone pedir a Dios la gracia para olvidarte de ti, no ser el protagonista o la protagonista, pensar, por amor a Jesús, primero siempre en el bien del otro, quererlo más que a ti mismo. Elige la parte que

---

[1] San Ignacio de Antioquia, *Carta a los Romanos,* 4, 1-2.
[2] San Ignacio de Loyola, *Ejercicios Espirituales,* 233.

nadie quiere, la que eligió María en Betania, ponte el último, la última para que Jesús sea tu riqueza.

En todo amar y servir significa no hacer distinciones. No hay un ranking en el servicio. Algunos se van de voluntariados y cada vez más lejos y cuantos más pobres mejor. ¡Error! No son más pobres aquellos que los que tienes a tu lado ahora. Lo importante es aprovechar cada instante, cada persona para amar más a Jesús. Contemplar a cada uno como Él los mira. Él, que no distinguió entre un leproso y un rico. A todos amó con predilección. Sirve con tu alegría a tu familia para algún día servir igual tu nueva familia. Ponte el último, aunque tengas talento para ser la estrella de cualquier lugar. Se sirve siempre desde abajo. Si quieres saciar la sed de Jesús, empieza por llevar un pequeño vaso de agua fresca, es lo que han hecho contigo. El trabajo humilde y sin brillo. La luz es de Jesús. Sé su luz para todos desde ya. No te reserves.

DECIMOSÉPTIMA SEMANA. MIÉRCOLES

1. *Buscar, vender, comprar.*

2. *¿Cómo podré saber qué quiere Dios de mí?*

3. *Perseverar en los compromisos definitivos.*

1. Jesús compara el reino de los cielos a un *tesoro escondido* o a una *perla finísima*. En las dos historias es posible subrayar tres elementos comunes.

En primer lugar, tanto el tesoro como la perla son cosas de gran precio. El tesoro se halla escondido, la perla presuntamente en manos de otro comerciante. Si pensamos, como se sugiere, que se está hablando de nuestra vocación, entendemos perfectamente que se trate de algo valiosísimo: la vocación es la verdad de nuestra vida, lo que Dios quiere para nosotros; quizá no haya nada más importante que el camino que el Señor nos propone.

La segunda característica es que tanto el buscador de tesoros como el comerciante en perlas finas tuvieron que *vender todo* para conseguir lo que habían descubierto. En ninguno de los dos casos se dice que vendieran algo o parte de lo que tenían: todo. ¿Absolutamente todo? Sí, absolutamente todo.

Toda vocación cristiana tiene por objetivo la santidad: quien contrae matrimonio debe vender todo, igual que el sacerdote o la que abraza el celibato o la virginidad. Vender todo significa darse de tal modo, que uno esté dispuesto a morir por amor a Dios y al prójimo. Esto se concreta de modos diversos en las distintas vocaciones, pero su patrón es común y único: ser santos.

La tercera y última característica es el acto positivo de *comprar*: el primero compra el terreno donde se hallaba el tesoro, el segundo compra, directamente, la perla bellísima. La vocación no es, en ningún caso, una renuncia, sino más bien todo lo contrario: si renunciamos a algo es para amar, para amar totalmente.

En este sentido, el celibato es especialmente expresivo: si algunos renuncian a dar su amor y su cariño a una chica o chico concretos, es para amar con alma de enamorado a Dios y, con Él, a todas y cada una de las personas.

En resumen, todas las vocaciones son para el amor, para un sí gigante en sus diversas modalidades. Con estos elementos podrás leer de nuevo el texto evangélico y detenerte en silencio a comentarlo con Dios en la intimidad de tu oración.

2. Cuando se piensa en la vocación, el corazón joven se agita buscando criterios concretos que le permitan descubrir cuál es la suya. ¿Cómo podré saber qué es lo que Dios quiere de mí?

Una cosa es clara: Dios quiere que *encuentres, vendas y compres*, como hemos visto anteriormente.

Que *encuentres* a Cristo y lo ames de verdad. ¿Deseas de verdad cumplir su voluntad?, trata entonces de estar cerca de Él: camina por las sendas donde puedes encontrarlo, porque difícilmente lo hallarás –perdona la claridad– a las puertas del infierno. Búscalo en el deseo de agradarle en tu oración, en un modo servicial de relacionarte con los demás; trata de servir a los más pobres a lo largo de tu semana, visitando enfermos o ayudando en algún comedor de caridad; ¡agranda tu alma!... aprende a amar estando cerca de Dios.

Venderlo todo significa hacer caso a lo que ves. Porque el evangelio no lo dice, pero hay gente que encuentra el tesoro escondido en el campo, y cuando llega a casa no vende nada, sino que comienza a darle vueltas a la cabeza pensando: «¿Era un tesoro lo que vi?, ¿se me habrá adelantado otro a comprar el campo?». Al final, miles de dudas y justificaciones, todo para no avanzar en el camino de Dios.

Haz caso de los signos que Dio te muestra, y no hablo solo de la vocación, sino de esos pequeños actos de heroísmo que notas que el Espíritu Santo te pide, sea de mayor dedicación en casa, o de orden en el cuarto, sea de tiempo y calidad en el estudio... También eso es venderlo todo.

Si pones por obra este conjunto de propósitos, ya has *comprado el tesoro.* Cuando llegues al gozoso convencimiento de que amar a Dios y al prójimo es un camino precioso y liberador, ya has pronunciado tu sí personalísimo y maravilloso. Toca, entonces, perseverar en el camino del amor.

3. La vocación se conoce de modo definitivo cuando se concreta mediante el sacramento o la fidelidad comprometida. Los novios pueden suponer que son el uno para el otro, pero solo lo saben con un 100% de seguridad el día que hacen su compromiso delante del altar de Dios.

Lo mismo cabe decir del ministro ordenado o de la religiosa que ha hecho votos perpetuos... y también de todos aquellos que abrazaron el celibato con un compromiso estable y definitivo de fidelidad.

A partir de ese día, este y no otro es el camino. Este es mi marido; esta es mi mujer; y no se piensa más allá, porque es tentación. Aparecerán mil chicos estupendos y miles de chicas guapísimas y delicadas: cero. Mi vocación es vivir para Dios con mi marido, con mi mujer.

Conviene metérselo bien en la cabeza: hay cosas que no puedo cambiar, y además sería altamente inconveniente hacerlo. No puedo hacer un cuadrado redondo, ni que dos y dos sean dieciséis. Una vez que sellé mi compromiso definitivo, mi tarea como hijo de Dios es encontrar el modo de amar más y mejor en ese camino, pero en ningún caso replantearme mi entrega desde otras ópticas, como si pudieran eventualmente ser mi camino y yo haberme equivocado... Dios es nuestro Padre: Él no juega de este modo con las almas.

Soy lo que soy, y en este camino hay gracia suficiente para ser muy feliz. Basta ser humilde, buscar a Dios y luchar con su gracia.

DECIMOSÉPTIMA SEMANA. JUEVES

1. Guárdate para poder darte: ojo con el verano.
2. Reconocer los propios límites es un acto de madurez.
3. Nuestra inmensa capacidad de querer.

1. El corazón no está diseñado para estar vacío, sino que ha sido ideado para amar y amar mucho. Si un corazón no ama, se llena de amargura y busca compensaciones. Como el agua del río busca siempre descender, tratando de llegar a las cotas más bajas, y después de su largo o corto recorrido, desemboca en el mar, así el corazón del hombre que no se eleva en búsqueda del amor y la donación, acabará por tender a cosas más bajas y arribar al mar de lo fácil e inmediato.

No es difícil apreciar, sobre todo ahora que estamos en verano, cómo muchos hombres y mujeres buscan llenar el vacío de su corazón con las compensaciones de una vida sensual. Basta abrir los ojos para darnos cuenta del desorden sexual que sacude nuestros días, donde las relaciones entre los hombres y mujeres son efímeras, placenteras pero instantáneas, meramente pasionales. Son pobres: ajenas a la lógica del amor y vecinas al egoísmo que busca la propia satisfacción.

Es tiempo de vacaciones; tiempo para aprender a crecer en el amor. Dile al Señor que no quieres sucumbir a un modelo de sociedad de corazones vacíos, sino que deseas una afectividad bien formada que busca entregarse y querer de verdad. Habla con Jesucristo y pídele al Espíritu Santo un corazón que no conozca esa tristeza que indica falta de amor y sobreabundancia de cosas. Pídele a Dios, en definitiva, que te enseñe a divertirte y progresar en este verano, para no comerciar con lo más tuyo ni poner a la venta tu intimidad.

Guárdate para poder darte: así tendrás un corazón en disposición de amar.

2. Guardarse o, lo que es lo mismo, reconocer los propios límites. Es muy normal que el ambiente de playa donde veraneas, o la movida nocturna de tu ciudad, o los comentarios de amigos tuyos influyan de tal modo que te hagan llegar a pensar que una vida de desenfreno es, después de todo, una posibilidad. No es extraño que todo ese mundo te atraiga ligeramente.

No somos de Marte ni tampoco ángeles caídos del cielo. Somos hombres y mujeres normales: nuestras casas no están en el desierto del Sahara, sino en medio de una sociedad sensual que, naturalmente, ejerce su particular influencia.

Dicho de otra manera, es muy normal que haya tentaciones. Nuestra reacción ante los ataques del enemigo debe ser la de hijos de Dios valientes que huyen y dan la espalda, sin más diálogo, a esas proposiciones.

Ten ojo, sobre todo, con el uso de internet. Muchos hospitales tienen ya una unidad de desintoxicación informática, que busca paliar el extendido y conocido IAD:

internet adiction disorder. La red genera adición, y puede llegar enganchar tanto como la peor de las drogas.

Es momento de hacer un buen examen de conciencia, y repasar en la serenidad de la oración, el uso sano o provechoso que estás haciendo de tu tiempo libre. El verano es un tiempo maravilloso para crecer en intimidad con Dios y con los demás, para disfrutar con actividades entretenidas, divertidas, distintas: piensa si acaso no será el momento de hacer una buena confesión y comenzar de nuevo, teniendo claro qué vas a hacer cada día para crecer en este propósito.

3. Con sus gafas de marca, pelo revuelto y moreno playero, el mejor surfista de la historia decía que después de 16 años de matrimonio, había descubierto lo difícil que resulta hacer feliz a una sola mujer durante tanto tiempo en comparación con lo sencillo de agradar a muchas una sola vez. «Pero a mí me gustan los retos –concluía nuestro surcador de las olas– y estoy encantado con mi mujer: no la cambio». Y es verdad: es mucho más bonita la apuesta por lo verdadero que los amoríos fugaces que no conducen a ningún sitio.

El amor es una afirmación que quiere ser sostenida en el tiempo. Habla de la capacidad que los hombres tienen de darse, que es justo lo contrario al egoísmo. Por eso, cada fin de semana o cada día que un hombre y una mujer se encuentran por motivos egoístas, hacen un flaco favor a su natural deseo de amar. Lejos de encontrar una respuesta satisfactoria a los deseos de su alma, tapan los huecos de una vida parcial o totalmente descontenta.

Algunos piensan que la juventud es necesariamente un tiempo para hacer locuras; con el paso del tiempo habrá posibilidad de una relación estable y duradera... Pero si has dilapidado ya lo que tenías, ¿qué darás entonces? ¿Restos de fábrica? ¿Sobras, que, para rematar, tienen que durar toda la vida?

La verdad es que la juventud es edad para amar y amar mucho, sin sucedáneos. Si mi vida hoy es incapaz para lo verdadero, es posible que me quede tarado para siempre y me incapacite para el día de mañana. El corazón joven, que quiere amar y amar de veras, es capaz de enamorarse y de dejarse sorprender; participa aún de la inocencia de su niñez de modo que los nuevos conocimientos de la vida le hacen vivir en un entusiasmo que contagia.

El alma de los cristianos se caracteriza por la semejanza a la de su Señor y Maestro –Jesucristo–, cuya infinita capacidad de querer está suficientemente atestiguada por el evangelio. Por eso, un cristiano es –o debe ser– una persona con una inmensa capacidad de amar.

DECIMOSÉPTIMA SEMANA. VIERNES

1. Reacio a actuar, a moverse, a tomar decisiones.

2. La curiosidad es la hija de la pereza. Las nietas: la maledicencia y la impureza.

3. La pereza y el debilitamiento de la voluntad.

1. "Pereza": (del lat. *pigritĭa*) —1. f. Negligencia, tedio o descuido en las cosas a que estamos obligados. —2. f. Flojedad, descuido o tardanza en las acciones o movimientos.

Pereza es una de esas palabras que provoca cansancio solo leerla: despierta el sentimiento que describe. El perezoso es el que se muestra reacio a actuar, a moverse, a tomar decisiones. Otro término para definir la tendencia a evitar todo esfuerzo o todo empeño es la indolencia, que añade un matiz de lentitud en el obrar, de apatía y desinterés en la relación con el mundo externo.

Este pecado capital, pensado en cristiano, es un modo de resistir a la gracia. Dios quiere obrar cosas estupendas a través de nosotros, y nuestra pereza bloquea su divina iniciativa. Por eso, una condición básica para ser discípulo de Cristo es santificar nuestro tiempo, o sea, aprovechar nuestras horas: no consumir nuestros días tirados en un sillón (en una hamaca, tumbona, toalla...) o apalancados delante de un insustancial navegar por internet.

Dios puede y quiere hacer muchas cosas en nosotros y por medio de nosotros: cuando estudiamos o trabajamos, no es para nuestra propia admiración o para autorrealizarnos, sino para rendir gloria a Dios.

Ahora que es verano, aprender a aprovechar el tiempo es un síntoma de fina obediencia a Dios que quiere que aquí, ahora, ¡hoy! hagas algo por Él y por el mundo que te rodea.

«Pero lo cierto, me dirás, es que no tengo nada que hacer. ¿Cómo quiere que mejore en aprovechar el tiempo si me sobra por todos lados?».

Piénsalo, hay mil opciones: pregunta a tus familiares, consulta a tus padres si hace falta tu mano en alguna labor de la casa, ten iniciativa con tus amigos, vence la pereza, queda con ellos. Trata de fomentar la lectura –aunque cueste empezar– de una buena novela o incluso de un clásico de la literatura.

Muévete.

2. La pereza es madre de un pecado muy feo que es la mala curiosidad. Quien no hace nada es natural que acabe por estar pendiente de las cosas de los demás: «mi vida es aburrida, quizás la de los otros sea más divertida...».

Quien no tiene ningún objetivo en su vida –y esto es lo importante– acaba por centrarse en el destino y organización de la vida de los prójimos. El perezoso llega a ser, tarde o temprano, un curiosón.

La curiosidad, a su vez, deriva en otra familia de pecados: las faltas contra la caridad. Al descubrir que los demás son mejores que nosotros (o al darnos cuenta de que hacen cosas mal, para el caso da lo mismo), nuestro espíritu perezoso tiende a la crítica y a la maledicencia como modo de subsistencia. Mediante estas artimañas les bajamos los humos, y ponemos su miseria delante de todo el mundo –de modo más o menos velado–, como diciendo por lo bajo que nosotros somos mejores que ellos. Pereza, curiosidad, maledicencia: abuela, hija, nieta.

Dicen que una de las principales causas de atasco de las autopistas españolas es la curiosidad. En efecto, cuando se produce un accidente, es muy habitual que se formen retenciones en ambas calzadas: en una porque el coche accidentado bloquea uno o varios carriles; en la otra porque los conductores curiosos frenan para cotillear que ha ocurrido al otro lado, aun a riesgo de generar un nuevo atasco. Todos frenan un poquito, algunos incluso cambian de carril para ver más de cerca... y al final la circulación se hace torpe y macilenta a causa del fisgoneo.

Lo mismo sucede en la vida espiritual: una conciencia indiscreta y volcada en el cotilleo de los demás se atasca necesariamente, no circula con fluidez y difícilmente sabrá lo que es aprovechar de verdad la propia vida.

Lo interesante de nuestra consideración es que, si te examinas, quizá encuentres que la raíz de todo ello no es otra cosa que tu pereza; tu no hacer nada.

3. La pereza es un debilitamiento de la voluntad. Primero comienzan a costar los esfuerzos grandes, de modo que el espíritu humano se muestra incapaz de plantearse nada en ese sentido. Después –y esto es lo más dañino–, cualquier esfuerzo, por minúsculo que sea, se hace un imposible si contraría mis gustos o apetencias. Se hace todo y solo lo que entusiasma momentáneamente, o lo que se supone que dará cierta satisfacción.

Esta desazón sistemática por el esfuerzo se traducirá con el tiempo en la incapacidad objetiva por acabar las cosas. Así, la tarea de nuestra santificación se hace un imposible, porque rematar las cosas es un empeño cargado de virtud (y absolutamente necesario) que el perezoso no piensa en ningún caso acometer.

Por esta razón, los amores se enfrían: el entusiasmo inicial por lo que sea (un deporte, una chica, un empleo) da lugar a un acostumbramiento perezoso que se traduce en el olvido de lo amado. Se piensa que al tener ya el amor es posible dejar de cuidarlo. Y no es verdad: el amor se cuida cada día, él con ella, ella con él.

El remedio contra la pereza es la diligencia. Viene del latín *diligere* que significa amar: tener cariño particular por alguien, predilección. Es bonito: el diligente es el que toma cuidado atento de las cosas que obra y las hace con prontitud, no por un deseo de perfeccionismo, sino porque ama.

El hombre y la mujer diligentes hacen las cosas con empeño y, además, buscan acabarlas con perfección. ¿El origen? El amor: a Dios, a la familia, a los amigos a la sociedad y al mundo.

Diligentes; así queremos ser cada uno de los hijos e hijas de Dios. Pídeselo a María.

DECIMOSÉPTIMA SEMANA. SÁBADO

1. Mejor perder el favor del rey que
adularlo olvidando a Dios.
2. El conocimiento de Aquel a quien jamás hemos visto.
3. Dar la palabra.

1. Corrían los años ochenta cuando causaba furor en España un programa televisivo que basaba su éxito en un recurso sencillo pero eficaz. Los concursantes debían elegir, después de algunas pruebas, entre dos sobres de colores diferentes. En uno de ellos había un cheque con un montón de dinero; en el otro, a lo mejor, un simple ladrillo... o un chicle. Normalmente esa elección llevaba varios minutos, porque se interponían otras opiniones, pistas y cosas semejantes. Todo adquiría más emoción gracias a los llamados sufridores en casa. Una pareja seguía el programa desde su hogar. Ellos conocían perfectamente el contenido de los sobres, pero no podían opinar. Y, claro, se comían las uñas viendo las zozobras de los concursantes, que tan pronto decían que querían el sobre rojo como el azul.

A todo esto, el público disfrutaba de lo lindo viendo dudar a los concursantes y padecer a los sufridores en casa durante el tiempo –a veces muy largo– de la elección. Era tan apasionante... como absurdo. Pensémoslo bien, ¿cómo se puede comprometer la libertad sin saber nada de lo que se decide? ¡Era una elección irracional!

La libertad solo puede ejercitarse razonablemente cuando se conoce el contenido del acto que se va a realizar. Los antiguos decían que nada es querido si no es previamente conocido: *Nihil volitum nisi praecognitum.* Tener conocimiento del objeto del acto es la condición básica para hacer una buena elección.

El evangelio de hoy nos presenta a Juan Bautista como víctima de la sensualidad de Herodes. El precursor tuvo delante de sí dos posibilidades: dar satisfacción al reyezuelo aprobando su ilegítima unión con Herodías, o bien condenarla. Como afirma san Jerónimo, el Bautista prefirió arriesgarse a perder el favor del rey, antes que adularlo olvidando los preceptos de Dios. Conocía el peso de la acción y optó por lo mejor. Sabía qué era lo bueno y no lo dudó.

El origen de nuestras malas obras no está solo en la debilidad humana, sino que también reside en nuestra falta de conocimiento. Cuando ofendemos a Dios dejándonos llevar por lo cómodo o por lo fácil, damos prueba cumplida de que no entendemos del todo lo bueno que es estar junto Él.

Por defender la verdad merece la pena morir. Ahora bien, ese empeño por vivir de acuerdo con la verdad será real en la medida en que nos interesemos por conocerla. Recordemos ahora el antiguo consejo: nada es querido si no es antes conocido. Y tú, ¿cómo manifiestas tu interés por conocer los preceptos de Dios?

2. En su nuevo destino –una base extranjera a muchos kilómetros de casa–, el soldado recibía puntualmente el periódico de su pueblo. Era una pequeñez que, sin embargo, le reportaba un gran alivio. Sin cobertura ni comunicaciones, ese era el único medio para seguir al corriente de las cosas de casa.

Un día, durante el descanso de media tarde, reparó en lo bonita que era la chica que protagonizaba una noticia en las páginas centrales. Había sido premio de estudios. El soldado no la conocía, pero cuanto más la miraba, más le gustaba. Quedó tan cautivado que, armado de valor, se decidió a escribirle. No era difícil conocer su dirección: con las pesquisas adecuadas enseguida daría con ella.

No podía imaginar lo que iba a suceder. La chica respondió, e iniciaron una correspondencia regular. Pronto intercambian algunas fotos, y se cuentan todas sus cosas. El soldado se enamora cada día más... de una chica a la que jamás ha visto.

Después de dos años de instrucción, nuestro protagonista vuelve a casa. «Su amor hacia ella le ha hecho mejor soldado y mejor hombre: ha procurado ser la clase de persona que ella querría que fuera. Ha hecho las cosas que ella desearía que hiciera, y ha evitado las que le desagradarían si llegara a conocerlas. Ya es su anhelo ferviente de ella lo que hay en su corazón, y está volviendo a casa. ¿Podemos imaginar la felicidad que colmará cada fibra de su ser al descender del tren y tomar, al fin, a la muchacha en sus brazos?»[1].

---

[1] L. J. Trese, *La fe explicada*, 18.

El conocimiento de la verdad de Dios, a quien jamás hemos visto, se realiza de un modo semejante. Los enamorados se escriben cartas; nosotros tenemos a disposición la Escritura, el magisterio de la Iglesia y las obras de los enamorados de Dios (los santos). Ellos mantienen conversaciones; nosotros procuramos hablar con Cristo, contemplarle en la Eucaristía, cuidar la presencia amorosa del Espíritu Santo en nuestra alma, y considerar frecuentemente nuestra condición de hijos de Dios. Ellos esperaban con ansia el momento del encuentro; nosotros queremos esperar con la misma o mayor intensidad nuestro encuentro definitivo con Dios, la visión gozosa de quien tanto nos ama: el cielo.

Así, de este mismo modo, conocía Juan Bautista al Señor. Lo quería. Porque lo conocía bien, lo amaba mucho. Y se comportó como a Él le gustaba. Es cierto que le costó la vida temporal... pero ganó la eterna.

3. Reparemos ahora en la actitud de Herodes. Es nuevamente Jerónimo quien nos hace pensar cuando afirma que, bajo el manto de la piedad, Herodes llega a ser impío. En efecto, el rey obedece al poder de su palabra dada. Parece incluso honrado hacerlo: no hay que contradecir lo dicho. Sin embargo, el fruto de su acción es mucho peor que la desobediencia a una promesa. Herodías deseaba cortar la lengua de quien proclamaba que su matrimonio era ilícito, y el sensual baile de su hija fue la ocasión propicia.

Encontramos a Herodes vestido con disfraz de caballero, de persona honorable, cuando en realidad es un cobarde abominable. Ya lo dice el evangelista: no es que ame la verdad, sino que teme a los invitados, y por eso no considera la opción de dar marcha atrás.

De la actuación de Herodes podemos extraer, al menos, dos consideraciones prácticas para la vida cotidiana. En primer lugar, la necesidad de ser máximamente prudentes en lo que uno jura o promete. Es decisivo no ser bravucones ni dejarse llevar por la pasión. Para ello, será muy útil huir de ocasiones tales como las diversiones ilícitas o la bebida, que con frecuencia llevan a comprometer la palabra en promesas imposibles o injustas.

En segundo lugar, queda claro que la palabra dada indebidamente no debe ser cumplida. El empecinamiento en el voto injusto es orgullo; y la vuelta atrás en una mala palabra, humildad. Es cierto que fue el poder de la palabra lo que precipitó a Herodes a la ruina; pero más cierto es que por encima de ese juramento está el valor de la vida.

Se necesita mucha humildad para dar marcha atrás. Demasiada. Él no pudo... ¿y nosotros?

DECIMOCTAVO DOMINGO. CICLO A

*1. Una primera reflexión acerca de cómo
participamos de la Misa.*
2. Llegar pronto a Misa. Llegar pobre a Misa.
*3. La seguridad del apóstol se fundamenta
en la piedad eucarística.*

1. Cuando san Francisco Javier desembarcó en la India, portaba consigo únicamente una cruz y gran ansia de almas. Se arrojó de la barquichuela que le llevaba a tierra, y corrió hacia los indios que se daban cita en la orilla. A fuerza de impulso y ánimo, pero batido por las olas, sus pies mojados tocaron por fin la arena costera. En el esfuerzo de la conquista, que sería de miles de almas, había perdido su cruz. Se le escurrió de entre las manos, y tocó el fondo del mar.

Sin saber muy bien cómo recuperar su única posesión y tesoro, imploró a Dios que le devolviera su única arma. Un cangrejo de grandes dimensiones caminó muy al fondo de las aguas, tomó entre sus pinzas el crucifijo del misionero, y se lo llevó a tierra firme. Un prodigio que ha hecho merecer al santo ser representado con un cangrejo a sus pies.

Es la misma cruz que aseguró al emperador Constantino la victoria. *In hoc signo vinces*, hizo escribir en emperador en la batalla del puente Milvio. Así, bajo la sombra de la cruz, Constantino salió victorioso del encuentro, y declaró lícita la religión cristiana. En este signo, que es la cruz, encontramos todos la victoria. Fue así, y lo será por siempre.

Con el ardor de Francisco de Javier, y con la seguridad de Constantino, deberíamos comenzar cada día –o cada semana– ese encuentro de fe que es la celebración de la Eucaristía. Vamos a dedicar nuestra meditación de hoy a algunas de las condiciones que hacen posible una participación fructífera de la santa Misa. Debemos comenzar por el principio, como es oportuno para quien quiera llegar hasta el final. Ese principio es la señal de la cruz con que signamos nuestro cuerpo y marcamos nuestro espíritu, mientras pronunciamos el excelso nombre de Dios, que es Padre, Hijo y Espíritu Santo.

Recuerda aquellas palabras de niño, que afirmaba rotundo que la Misa era pesada porque el sacerdote no se cree lo que hace. Acoge igualmente con humildad la advertencia de este sacerdote, que te recuerda con simplicidad, que la Misa se hace larga cuando el fiel no se cree lo que hace, y bosteza, y se distrae, y juega con el móvil.

Un momento de silencio, que es examen y luz para nuestra conducta eucarística: meditar despacio cómo llegamos al encuentro de Cristo eucaristía. ¿Llegas a la Iglesia con tiempo?, ¿haces silencio para prepararte bien?, ¿haces la señal de la cruz con la fe debida y la confianza de los santos?

2. En el evangelio de hoy contemplamos con estupor la fuerza de la palabra de Cristo que multiplica los panes y alimenta a la multitud. No ha de ser menor nuestro entusiasmo con la potencia transformadora de la palabra de ese otro Cristo que es el sacerdote durante la celebración eucarística.

Entonces unos pocos panes fueron alimento de multitud. Se llenó el estómago de quienes escuchaban, como se llena hoy el alma de cuantos, después de escuchar la Palabra de Dios, reciben con las debidas disposiciones el cuerpo eucarístico de Cristo.

No quiero, no obstante, que nos detengamos en eso tan central y objetivo de la celebración: que el pan se hace cuerpo y el vino sangre. Quiero que nos fijemos en nuestras disposiciones, que harán posible que ese torrente de amor no sea el inútil proyecto de un Dios que quiso ser tan cercano... que se convirtió en costumbre.

Abres tú la mano, señor, y nos sacias de favores (*Sal* 145, 16), reza el salmo, como describiendo la maravilla eucarística. Si es así, ¿por qué a mí me afecta tan poco?, ¿por qué me cuesta tanto?, ¿por qué?

Más allá de la idoneidad del sacerdote, y la calidad de su prédica; su dicción y ciencia, su capacidad de llegar o todo lo contrario, aun dependiendo todo de Dios, bien sabemos que el fruto tiene mucho que ver con las disposiciones anteriores e interiores.

Hablábamos del modo de signarnos, el momento de llegar a la Iglesia o incluso el modo de vestir. Todo, absolutamente todo, debe conducir a la única disposición interior que hace posible una celebración llena de vida: el sabernos pobres y pecadores como el publicano que ora en el templo, *sin atreverse siquiera a levantar los ojos al cielo*. ¡Ese es el espíritu de pobreza de quien sabe que va a la iglesia como un pobre al rico, como el enfermo al médico, como el necesitado al Señor de cielos y tierra!

No está hecha la Misa para las conciencias satisfechas y egoístas; sino para las almas que, como el ciego al borde del camino, claman a voz en cuello al Cristo que puede salvarlos, superando las dificultades de quien quiere hacerle callar. Lo dice muy a las claras la primera lectura: *Oíd, sedientos todos, acudid por agua; venid, también los que no tenéis dinero: comprad trigo y comed, venid y comprad, sin dinero y de balde, vino y leche. ¿Por qué gastar dinero en lo que no alimenta y el salario en lo que no da hartura? Escuchadme atentos y comeréis bien, saborearéis platos sustanciosos. Inclinad vuestro oído, venid a mí: escuchadme y viviréis* (*Is* 55, 1-3).

Llegar pronto a Misa. Llegar pobre a Misa.

3. No cabe lugar a duda que san Pablo participaba con una piedad ejemplar de la santa Misa. Así lo narra en la carta a los Corintios, cuando advierte de las dificultades que pueden presentarse en la celebración, y condena a aquellos que la reducen a un puro encuentro humano o convival. La Eucaristía es algo sacro, que debe ser presentado con *manos inocentes y puro corazón* (*Sal* 24, 4).

Estoy convencido de que en ese encuentro cotidiano con Cristo, memoria y presencia de aquel encuentro originario camino de Damasco, Pablo hallaba la certeza del amor que le lleva a exclamar en la segunda lectura de hoy, con voz segura y ánimo firme: *¿Quién nos separará del amor de Cristo?* (*Rm* 8, 35). El fragmento bien merece tu tiempo, puesto que si ha captado la atención de miles y miles de santos a lo largo de esta historia nuestra... ¿por qué no de la tuya?

La seguridad de Pablo en el amor de Cristo, anterior, precedente e infinito, es sobrecogedora. La enumeración de peligros que acechan la vida del cristiano es exhaustiva y actual: la espada, la desnudez, el naufragio, la exclusión, el maltrato... Pues bien, ninguno de ellos presenta la fuerza suficiente para apartar al apóstol de su amor: Cristo.

El fundamento de una vinculación tal es, en el orden de la gracia, de índole eucarística. Solo se puede ser profundamente cristiano siendo profundamente eucarístico. Hay mil modos de manifestar nuestra piedad eucarística: visitas frecuentes al sagrario, el modo de hacer la genuflexión, el comportamiento en la Iglesia, la participación en oraciones de adoración y desagravio. Ahora bien, más allá de todo eso, permíteme, porque es mi propósito de hoy, que me centre solamente en una.

¿Pones tu alma a disposición del Señor para que pueda multiplicar en ti los beneficios de la gracia, mediante la preparación debida para quien se acerca al intercambio del Amor? ¿Le ofreces en cada Misa tus cinco panes y dos peces?

DECIMOCTAVO DOMINGO. CICLO B

1. O mientes o no te lo crees.

2. ¡Danos siempre de esa agua! ¡Danos siempre de ese pan!

3. Entre la incredulidad y el engaño: la mediocridad.

1. La convivencia era pacífica en Tánger a mediados de los años treinta del siglo XX. Bajo dominación española, en la ciudad se daban cita tres comunidades religiosas: católicos, musulmanes y judíos. Juntos iban a la escuela y jugaban al fútbol, estudiaban y se divertían en idénticos lugares, había capacidad de trabajo en común: según cuenta uno de los que allí vivió, el ambiente era de concordia.

Es cierto que había un tema tabú: la religión. No estaba escrito en ningún sitio pero era aceptado por todos: de eso mejor no hablar. Se entendía, de modo tácito, que cada uno tenía la suya y hablar de ello lejos de acercar posiciones podría ocasionar la ruptura dc la armonía establecida.

Sin embargo, un día Tariq decidió romper las reglas de juego. Era muy amigo de Luis. Ambos no tendrían más de doce años. Eran vecinos, y compartían largos paseos camino del colegio. Hablaban, como siempre, de casi todo… y Tariq traspasó la frontera.

—¿Dónde encontráis los cristianos a Dios?, preguntó inquieto.

—¿Por qué te interesa?, dijo Luis. El niño bereber contestó que tenía mucha curiosidad por saberlo, sobre todo teniendo en cuenta que Dios, para los musulmanes, es un ser lejano, absolutamente trascendente: Alá está en los cielos, es todopoderoso, lo gobierna todo, y es mucho más grande de lo que podamos imaginar.

El muchacho católico se vio impelido a responder. Pensó que lo mejor era hablarle de la Eucaristía:

—Nuestro Dios –le dijo– está en el cielo, pero es capaz de venir a la tierra. Tariq se mostraba cada vez más interesado, y su rostro revelaba que ciertamente se le encogía el corazón de solo pensar que Dios pueda venir al encuentro de los hombres. Luis siguió hablando: «Viene cuando nuestros sacerdotes pronuncian unas determinadas palabras, en la santa Misa, y se hace presente sobre la mesa del altar…».

Su amigo no pudo contenerse: —¿Y no os deslumbra su presencia?.

—No, porque se oculta en el pan y en el vino, que fue la promesa de Cristo, y podemos recibirlo. Es en ese momento cuando los hombres nos unimos a Dios.

Tariq no ocultó entonces su entusiasmo: ¡Dios tan cerca! ¡Qué maravilla!

—¿Y cuándo ocurre eso, una vez en la vida, una vez cada cincuenta años?

—No, Tariq, todos los días la Iglesia católica celebra este culto y Dios se hace presente en los altares.

Inmediatamente, el rostro del tangerino se oscureció, apareciendo la duda en su semblante, que prontamente dejó paso al enfado cuando exclamó airado:

—Eso que me cuentas, o no te lo crees o me engañas, porque si de verdad Dios se hiciera presente todos los días en ese altar, ¿no crees que querrías ir a verlo siempre?.

Una respuesta así, y más viniendo de un amigo, no deja indiferente. A partir de ese día, Luis confiesa haber ido todos los días (o casi todos) a Misa.

Es mi Padre quien os da el verdadero pan del cielo. Porque el pan de Dios es el que baja del cielo y da la vida al mundo (Jn 6, 32-33).

2. Un día, a eso de las doce, cuando el sol pega, el cansancio aprieta y la boca padece el amargo sabor que dejan la dura jornada y el polvo del camino, Cristo se acercó al pozo de Jacob.

El encuentro con la samaritana nos enseñará que, en realidad, lo que calmaría su sed no era tanto el agua como la fe de la mujer, porque Jesús tiene sed de hombres y mujeres que vuelvan su rostro y su alma a Dios.

Para eso precisamente entabló con ella este maravilloso diálogo, en el que manifiesta su poder de conocer los corazones. Esta conversación que reproduce san Juan representa el diálogo que todavía hoy tiene lugar entre Dios y el no creyente: el tozudo que se empeña en no reconocer a su Señor.

Cristo tiene paciencia: pregunta a la Samaritana si puede darle algo para calmar su sed. Ante las preguntas de la mujer, añade que Él tiene un agua mejor que esa del pozo y pone al descubierto la idolátrica vida que lleva, llena de pequeños dioses (ha tenido cinco señores). Finalmente, siembra en el corazón de la mujer el deseo de algo más grande.

Jesús es capaz de dialogar en lo más íntimo de nuestra alma, y levantar nuestros corazones, aun cuando en ellos abunde el pecado, al deseo de lo más grande. Él nos conoce tan bien como conocía a la samaritana, y sabe perfectamente nuestras esperanzas y desasosiegos, nuestros pecados.

Él desea hoy, de nuestra parte, la misma respuesta que arrancó al corazón de aquella mujer: *¡Señor, dame siempre de esa agua!* O, como dice el evangelio de hoy en términos similares, *¡Señor, danos siempre de ese pan!*

Para poder llegar a ese deseo tan grande y maravilloso, tan ardiente y real, es necesario antes dialogar con Jesús, y dejarse interrogar acerca de nuestras preocupaciones e inquietudes más profundas.

3. La samaritana, que pidió a Cristo el agua viva, entendió que se había encontrado con la misma fuente. Corrió a buscar a sus vecinos y conocidos, y les dijo que había visto al Mesías, que estaba mucho más cerca de ellos de lo que imaginaban, ¡qué corrieran a verlo inmediatamente! Porque *me ha dicho todo lo que he hecho* (*Jn* 4, 39). Pasó de incrédula a apóstol, al acercarse con fe al hontanar de agua viva que es el corazón del Señor.

Frente a estos samaritanos, los habitantes de Cafarnaúm nos brindaron el ejemplo de lo contrario. Encontraron al Pan de vida: la gracia de Cristo y su proximidad a cada uno de los hombres; *Dios con nosotros*. Pensaron que no podía ser, que Jesús les engañaba: no es posible que Dios esté tan cerca. Y en lugar de agradecer ese Don, se apartaron de Él.

Ahí estamos nosotros, tú y yo, entre la samaritana y los ciudadanos de Cafarnaúm. No nos escandalizamos de Nuestro Señor, pero tampoco somos apóstoles de su presencia. A lo mejor nos engañamos a nosotros mismos, pensando que nuestra relación con Cristo Eucaristía es suficiente estando como está, siendo, más bien, mediocre y ocasional.

Sé apóstol, como la mujer del pozo, y ten intimidad con tu Dios, que está muy cerca. Ojalá tú también puedas decir que, en el cariño de tus diálogos con Cristo Eucaristía después de comulgar, oíste cómo te decía tantas cosas bonitas. No dejes de pasar con Él unos minutos –cinco, diez– después de recibirle. A solas. —¿Y si no me sale nada? —Si no te sale nada, recita las oraciones de la Iglesia: *Te adoro con devoción, Dios escondido; Alma de Cristo, santifícame...; He aquí, Señor...* Cualquier devocionario te presenta muchas y muy hermosas.

Sé piadoso. Sé tierno. Sé cercano.

DECIMOCTAVO DOMINGO. CICLO C

*1. Dos tipos de codicia: afán de riquezas y
deseo vehemente de algunas cosas buenas.*
*2. Poca o ninguna vez se cumple con la
ambición, sin daño a terceros.*
3. ¿Dónde queda todo cuando todo acaba en nada?

1. La afirmación de Cristo en el evangelio de hoy no admite excepciones: *guardaos de toda clase de codicia* (*Lc* 12, 15). Jesús reprocha este feo vicio porque sabe que las riquezas no dan –ni darán nunca– satisfacción a los deseos profundos del corazón humano. Así lo glosaba san Juan Crisóstomo: «no creas que las grandes riquezas te traerán algún placer; tú tendrás placer solamente cuando no desees hacerte rico. Mientras dura la sed de riquezas, persevera también la aflicción; y si agotásemos todas las fuentes de riquezas y bebiésemos las aguas de mil torrentes, el tormento se haría cada vez mayor»[1].

---

[1] S. Juan Crisóstomo, "Homilía 12 sobre la Ep. ad Romanos", en R. J. De Muñana, *Verdad y vida. Colección de hechos y dichos catequísticos*, t. 2, 757.

Por eso, hemos de guardarnos de *toda clase* de codicia. Es significativo que a Jesús no le baste advertirnos del vicio en general, sino que quiera explicitar que hemos de alejarnos de cada uno de sus tipos. ¿A qué se refiere?

El diccionario de la Real Academia distingue dos acepciones del término «codicia». En primer lugar, se define como afán excesivo de riquezas. Este es el uso habitual, y el que ejemplifica la parábola que hemos leído en el evangelio: el hombre codicioso pone su confianza en los bienes y desea siempre más.

Por otra parte, codicia significa el deseo vehemente de algunas cosas buenas. Cuando se pierde la calma por conseguir algo, por bueno que sea, la conciencia se vuelve igualmente codiciosa. Tanto es así, que ese deseo inmoderado de lo bueno puede ser pernicioso para el alma.

Hemos distinguido dos tipos de codicia, ambos igualmente reprobables. Pensemos ahora en silencio si estamos lejos de cada una de ellas.

2. La codicia hace a los hombres mezquinos, pequeñitos, míseros, reduce su corazón hasta convertirlo en algo minúsculo. Como el protagonista de la parábola, no cesan de pensar en sí mismos. Sus cálculos les llevan gran parte del día: sopesan cuánto podrán ganar y cuánto invertir, cómo emplear tal o cual recurso... Su vida desconoce la presencia amorosa de Dios, y difícilmente se abren a la donación sincera por la caridad: tan ensimismados están, que les resulta imposible salir de sí mismos.

Además, pocas veces se da cumplimiento a la codicia sin causar males a otras personas. En la Sagrada

Escritura, hay un caso ejemplar que ilustra cómo este vicio resulta ser causa de muchos males.

Al rey Ajab se le antojó tomar en posesión la viña de Nabot. Le ofreció por ella una suma de dinero, pero el propietario no tenía a bien vendérsela: la consideraba algo tan querido, que no tenía precio. No accedió, por tanto, a la oferta del rey.

Decepcionado por el negocio, Ajab se entristece. Entonces entra en escena la astuta y malvada Jezabel, esposa del rey. Empeña todo el poder de su marido con tal de conseguir injustamente la viña, y compra testigos falsos que acusen a Nabot de maldecir a Dios. Después de un juicio amañado, este sufre la pena capital y, una vez muerto, el rey toma posesión de la propiedad.

Ya lo dijo Cervantes en su *Coloquio de los perros*, «pocas o ninguna vez se cumple con la ambición, que no sea con daño a tercero». Pidámoslo sinceramente: «guárdanos, Señor, de toda clase de codicia». No solo por lo feo de su aspecto como por lo horrendo de sus frutos.

3. Ya al final de su vida, san Felipe Neri tiene el reto de terminar las obras de la iglesia de *San Girolamo della Carità*, que había sido la sede del primer Oratorio. Así se lo ha pedido el Romano Pontífice. Sin recursos, pero con mucho ingenio, el santo consigue cumplir con lo mandado. Su labor es finalmente reconocida por todos y el papa le propone el capelo cardenalicio. Felipe, lleno de buen humor y no exento de ironía, rechazó lo de ser cardenal. Con aire divertido, comentaba: «¡prefiero el paraíso!».

Este episodio de su vida da título a una producción italiana que siguieron por televisión más de seis millones de personas. En ella se narra la vida de este santo del siglo XVI. A lo largo de la trama se entrelazan los avatares de diversos personajes. Uno de ellos es un muchacho noble y bueno que acompaña a Neri desde sus comienzos. Ya adulto, mientras otros se van a las misiones o se entregan a los más pobres, él decide apostar por la carrera eclesiástica.

La decepción se hace visible en el rostro de Felipe. Están comiendo, y este le pregunta cuál será el primer paso en ese ascenso eclesial. El carrerista contesta que intentará llegar a ser obispo de alguna región potente.

—¿Y después?, añade Felipe.

—Intentaré apostar por alguna nunciatura, que me posicione bien.

—¿Y después?, inquiere de nuevo el santo. El interlocutor se entusiasma:

—Sin dificultad, pues tengo las amistades necesarias, podré ser cardenal.

—¿Y después? La insistencia solivianta al candidato, que responde ahora de malos modos. Neri no se da por aludido, y sigue, él mismo, el hilo de la conversación: después será papa, claro, ¡con todo su fasto y toda su gloria!... Y entonces, en culmen de su discurso, se para de golpe. Se hace el silencio entre los dos. Felipe le mira fijamente, y en un leve susurro añade:

—¿Y después?...

La muerte ha sido citada sin palabras en la conversación, y toda la mesa calla en su presencia, con un sentido de culpa. A nadie se le escapa la verdad de esas palabras, pues... ¿dónde queda todo cuando todo acaba en nada?

Aunque pudiese alcanzar
cuanto puedo pretender,
viendo que se ha de acabar,
nada me atrevo a querer,
nada oso desear[2].

Todo pasa. Todo, salvo una cosa: el amor. Porque cuando deseamos amar siempre, eso no es codicia: es caridad.

---

[2] F. Lope de Vega, *Pastores de Belén*, libro V.

DECIMOCTAVA SEMANA. LUNES

1. Los diez trabajos más felices piensan en los demás.
2. Un modo de vivir del todo volcado a los demás.
3. Las obras de misericordia.

1. En el año 2011, la prestigiosa revista *Forbes* publicó un artículo con los resultados de un cuidadoso estudio. Según diversos criterios, se evaluaba el nivel de satisfacción que dan las distintas profesiones, y se señalaban las diez en las que la gente es más feliz y las diez en que es más infeliz.

Los resultados fueron absolutamente imprevisibles. Puesto número uno: la profesión más satisfactoria, ser clérigo. Muchos se sorprendieron por este dato... otros, no tanto. A continuación se hallan los bomberos y completan la lista los maestros de educación especial, escritores, artistas, profesores... Empleos de renta baja y de mucho trato personal.

En contraste, las profesiones más odiadas del planeta son altamente remuneradas. No las voy a detallar, no vaya ser que ese sea tu trabajo y se quebrante en algo tu buen ánimo...

El autor del artículo se preguntaba la razón escondida de estas diferencias. Evidentemente, el dinero no es la causa de la felicidad: si el estudio demuestra algo es justamente lo contrario. Lo que acomuna a las profesiones más altamente satisfactorias es la dedicación (directa) a los demás, el cuidado de los otros.

Detengámonos un momento en silencio a considerarlo: nada más atractivo que vivir para los demás. *Forbes* –que no es precisamente una revista de espiritualidad– lo sugiere. Cristo lo dijo explícitamente hace veinte siglos. Quien viva para encontrarse a sí mismo se perderá, y quien trabaje y se divierta y exista para Dios y para los demás, se encontrará. No es extraño. En una entrevista, san Josemaría afirmaba: «¿Para qué estamos en el mundo? Para amar a Dios, con todo nuestro corazón y con toda nuestra alma, y para extender ese amor a todas las criaturas». A veces lo damos por supuesto, y por eso este santo añade enseguida: «¿O es que esto parece poco?»[1]. No, no es poco. Lo que da sentido a la vida es el amor, y, como escribió Benedicto XVI en su primera encíclica, «el amor es ocuparse del otro y preocuparse por el otro»[2].

Vivir para los demás, preocuparse y ocuparse de los demás: esta es la única tarea que verdaderamente merece la pena. Fue así siempre, y es así ahora. No parece que vaya a cambiar.

2. Da la impresión que Cristo se tomaba muy poco en consideración: no atendía ni a su cansancio y a sus preo-

---

[1] *Conversaciones,* n. 106.

[2] Benedicto XVI, *Deus Caritas est,* n. 6.

cupaciones. Al menos, así nos lo demuestra el evangelio de hoy.

Acaba de morir su primo, con quien probablemente compartió juegos en la niñez. Su amistad era sincera y mayúscula: lo manifiesta sus encuentros a orillas del Jordán. La tristeza debió de prender en lo profundo el alma del Maestro. Por eso decide retirarse a un lugar apartado. Solitario.

La gente se entera de su marcha, y le sigue. Lejos de encontrar el silencio de la soledad, Jesucristo se ve rodeado de una multitud de oyentes. Lejos de hallar paz, encuentra revuelo... Y Él les atiende con premura. Al final, después de haber predicado y curado a los enfermos, se niega a despedirles sin comer. El corazón de Dios se hace cargo de las necesidades de los hombres hasta el límite de lo razonable. *Dadles vosotros de comer* (*Mt* 14, 16).

Este modo de vivir, volcado del todo en las cosas de los demás, es máximamente feliz, satisfactorio. Se trata de una existencia en la que está ausente la reflexión sobre uno mismo, que odia el monólogo interior, que halla descanso en la apertura al corazón del prójimo.

Medita la vida de Cristo. Si hubiera una escala de los hombres más felices de la historia, Él sería el número uno. ¿Por qué? Porque es perfecto Dios. Porque es perfecto hombre. Porque no piensa jamás en términos egoístas. Porque siempre está atento a las necesidades del otro.

3. La misericordia es fruto de la caridad, y su ejercicio no solo hace el mundo mejor sino que da satisfacción al corazón humano, tan sediento de amor. Dios es infinitamente misericordioso. Él es el Dios de toda consolación, e invita a los hombres a derramarse sobre los demás participando de sus necesidades, liberándolos de sus pecados, aliviando sus dolores y miserias.

La espiritualidad cristiana ha concretado el ejercicio de la misericordia en catorce obras, siete corporales y siete espirituales. Una de ellas es justamente la que el Señor ejercita hoy en el evangelio: dar de comer al hambriento. Vamos a repasarlas todas brevemente, al acabar este rato de oración, pidiendo a Jesús que nos haga descubrir la maravilla de vivirlas.

Empecemos enumerando las corporales: visitar y cuidar a los enfermos, dar de comer al hambriento, dar de beber al sediento, dar posada al peregrino, vestir al desnudo, liberar al cautivo, sepultar a los muertos.

Como puedes comprobar, todas ellas encuentran su fundamento en el evangelio mismo. Resumen las peticiones del Padrenuestro, el mandato de la caridad y la misteriosa pero real identificación de Cristo con el pobre y el necesitado: *Porque tuve hambre y me disteis de comer, tuve sed y me disteis de beber, fui forastero y me hospedasteis (...). Entonces los justos le contestarán: «Señor, ¿cuándo te vimos con hambre y te alimentamos, o con sed y te dimos de beber?». (...) Y el rey les dirá: «En verdad os digo que cada vez que lo hicisteis con uno de estos, mis hermanos más pequeños, conmigo lo hicisteis* (*Mt* 25, 35.37.40).

Las obras de misericordia espirituales son: enseñar al que no sabe, dar buen consejo al que lo necesita, corregir al que yerra, perdonar las injurias, consolar al triste, sufrir con paciencia los defectos del prójimo y rogar a Dios por los vivos y las almas perdidas.

Mediante esta descripción de los bienes espirituales que podemos procurar a los demás, se pone de relieve que tanto –más– importante es la vida del espíritu que la del cuerpo. En efecto, hay que cubrir el hambre de los cuerpos, pero también la ignorancia de las inteligencias. Es útil dar posada al que peregrina, pero tanto más amonestar al que se equivoca.

Podemos estar ciertos de que, si nuestra vida discurre por la senda de la misericordia, será una existencia feliz. Mira a Jesús. Mira a María. Puedes darlo por seguro.

DECIMOCTAVA SEMANA. MARTES

1. Humanidad de Jesús.
2. Fantasma de carne y hueso.
3. Sin perder de vista a Jesús.

1. Saciada la multitud, llega el momento de la despedida; poco a poco se va dispersando la muchedumbre. Impactados por las palabras y signos que han visto hacer al Maestro, van comentado en corro lo vivido ese día. Habría voces contradictorias, opiniones diversas pero una misma certeza: aquel hombre tenía algo que atraía hacia Él. No sabrían explicarlo, no podrían ponerle palabras, pero no era igual que los demás maestros de Israel.

En un momento dado, mientras Jesús despedía con infinita afabilidad a los últimos, indicó a sus discípulos que fueran cruzando en barca al otro lado del lago. Podemos detenernos un momento para contemplar una escena puramente humana, pero que es divina: un hombre se despide de un grupo de gente. Destaca su paciencia (típicos comentarios de gente enfervorizada o melosa que querría tocarle o hacer un comentario fuera de lugar), su mirada llena de cariño para cada uno, un beso o la imposición de manos a los niños... Parece no tener prisa. Ver a Jesús en esta circunstancia puede ayudarnos a nosotros en nuestro trato con la gente, tantas veces lleno de impaciencia o agobio, superficialidad o falta de atención e interés sincero. Jesús no veía gente, sino personas concretas, historias individuales, rostros únicos. Debemos aprender de esta actitud del Maestro, sobre todo en el ámbito familiar: cuando tantas veces, fruto de nuestro cansancio al llegar del trabajo, no dedicamos a los nuestros la atención que merecen. «¡Jesús que sepa tratar a la gente con el cariño y cuidado con que tú lo hacías!».

Y cuando por fin todos se marcharon, *subió al monte solo para orar* (*Lc* 6, 12). Jesús también tenía necesidad de la oración, de hablar con su Padre Dios, de verter en su corazón todos los sentimientos y afectos del Suyo. Cuánto nos ayuda contemplar esta escena de Jesús rezando. Nosotros también necesitamos buscar esos momentos de soledad, solos Dios y cada uno; huir del ruido, las prisas, los *mails*, los *whassaps*, los gritos de los niños, la presión del jefe y estar a solas con Dios. La oración no debe convertirse en un producto para cristianos *vip* o para momentos en los que no tenga nada mejor que hacer; es necesario inventar un hueco diario en nuestra apretada agenda para estar con Él. Aprende de Jesús: quita los obstáculos (embarca a sus discípulos para que lo dejen tranquilo y despide a la gente), busca el lugar adecuado (la soledad de una montaña) y comienza un diálogo con Dios.

Llegada la noche estaba allí solo (*Mt* 14, 23); muchas veces nos preguntamos qué nos falta para rezar; nada: en cambio nos sobran muchas cosas. Sin silencio interior resulta muy difícil hablar con Él.

2. Mientras tanto los apóstoles se habían visto sorprendidos por una de las típicas tempestades del mar de Galilea; el viento les era contrario y estaban intentando enderezar la embarcación. En medio de aquellos esfuerzos se habían olvidado del Maestro, no se habían planteado qué iba a hacer y cómo lo encontrarían; ahora solo tenían cabeza y tiempo para evitar un naufragio. Por eso no supieron reconocerle cuando se acercó a ellos; *viéndole andar sobre el agua, se asustaron y gritaron de miedo, diciendo que era un fantasma. Jesús les dijo enseguida: «¡Ánimo, soy yo, no tengáis miedo!»* (*Mt* 14, 26).

A mí me parece tan fácil entender a los apóstoles; en medio de aquellas olas, pendientes de la barca, lo menos que iban a pensar era un fenómeno como ese. A veces, nosotros tampoco distinguimos a Jesús en nuestra vida corriente, preocupados por salir airosos de nuestras batallas, y sobrevivir a nuestros problemas y obligaciones, no vemos a Jesús que se acerca hacia nosotros, que está junto a nosotros. *¡Ánimo!* Qué palabra tan necesaria, muchas veces, escuchada en labios de Cristo; cuando parece que no podemos más, que tenemos un mal día –que se suman a una lista de malos días que venimos arrastrando–, cuando parece que todo se acumula, que todo nos sucede a nosotros; cuando un imprevisto sigue a otro. Es el momento de volver la mirada a Jesús, que está junto a nosotros y escuchar de sus labios divinos: *¡Ánimo!*

Jesús no es un fantasma, está vivo, presente. Que no nos falte ni la fe ni el amor necesario para reconocerlo siempre. No hemos de temer a Dios ni sus planes sobre nosotros. La cercanía de Dios a nuestra vida no debe ser motivo de fastidio ni de conflicto, sino de paz y deseo de mejora.

3. *Pedro le contestó: «Señor, si eres tú, mándame ir a ti sobre el agua»* (*Mt* 14, 28). Cuántas personas siguen pidiendo un signo a Jesús, cuántas veces nosotros, en el fondo de nuestro pobre corazón, hemos dudado de Él o de su bondad. Pero el Señor no se molesta, y le dice a Pedro que lo haga. *Pedro bajó de la barca y echó a andar sobre el agua acercándose a Jesús; pero al sentir la fuerza del viento, le entró miedo, empezó a hundirse* (*Mt* 14, 29-30). Lo que Jesús le pedía era humanamente absurdo, ¡nadie anda sobre las aguas!, pero Pedro obedece. A veces nosotros no podemos entender los planes que la providencia divina tiene sobre nosotros, pero decidámonos a recorrer el camino. El evangelista indica claramente cuándo comenzó el problema: en el momento en el que, en vez de mantener la mirada fija en Jesús, comenzó a mirar y sentir lo que sucedía alrededor. Cuando estamos más pendientes del qué dirán, de las modas o corrientes en boga, del quedar bien, del no quedar en ridículo, de nuestra imagen… que de la mirada de Jesús sobre nosotros, también nos hundimos.

Entonces Pedro gritó: *Señor, sálvame* (*Mt* 14, 30). Hemos de recomenzar siempre cuando nos hemos despistado; y pedirle al Señor que nos salve tantas veces como nos haga falta: Pedro no dejo de ser hombre por pedir ayuda; cuánto daño hace un espíritu autosuficiente.

Enseguida Jesús extendió la mano, lo agarró y le dijo: «¡Hombre de poca fe! ¿Por qué has dudado?» (*Mt* 14, 31). No lo diría con un tono enfadado o brusco, pero sí con una mezcla de cariño y compasión, ¿por qué no te fías de mí?. Muchas veces nos lo puede preguntar a cada uno.

En cuanto subieron a la barca amainó el viento. Los de la barca se postraron ante él diciendo: «Realmente eres hijo de Dios» (*Mt* 14, 32-33). Si dejamos a Jesús subir a la barca se tranquilizarán nuestros ánimos y veremos las cosas de distinta manera, y lo que antes era un obstáculo insalvable, ahora se convierte en un pequeño contratiempo. Terminemos este rato de oración reconociendo como aquellos hombres la divinidad de Jesús: *Realmente eres Hijo de Dios* (*Mt* 14, 33).

DECIMOCTAVA SEMANA. MIÉRCOLES

1. ¿Cómo puede tratar así Jesús a una persona?
2. Dios escucha cuando parece que no escucha
y te habla también cuando guarda silencio.
3. Del amor a la fe.

1. Al leer el evangelio de la Misa de hoy, si no fuera porque quizá lo has escuchado ya unas cuantas veces y te has acostumbrado a él, sería como para dar un respingo en la silla. ¿Cómo se puede tratar así a una mujer que sufre por su hija enferma y que implora para ella la salud? ¿No es una falta enorme de sensibilidad la de Jesús en el evangelio? (cfr. *Mt* 15, 21-28). Si es que, aunque sea con el diminutivo, hasta usa el término perro para referirse en general a los que no son del pueblo de Israel y, por tanto, a ella y a su hija también. ¿Qué sucede entonces?

Vamos a ponernos primero en una situación semejante a la de la mujer. Semejante no por su necesidad apremiante a causa del estado de salud de su hija, sino en cuanto nos ponemos como ella ante Jesús para pedirle por nuestras cosas.

Piensa, además, si no te sucede con cierta frecuencia, cuando te pones a rezar, algo parecido a lo que le pasó al campesino de una historia que escuché contar en una ocasión. El campesino en cuestión fue informado de que el rey le iba a conceder una gracia muy especial: lo recibiría en persona y, como era acostumbrado en esos casos, atendería a la petición que le hiciese. Era la oportunidad de su vida: podría presentarle con sus mismas palabras al rey una demanda, lo que quisiera, con la certeza de que le sería concedida. Llegado el día, aquel buen labriego, lleno de emoción, se presentó ante el rey y, ¿qué crees que le pidió? ¡Un quintal de estiércol para sus campos! Eso era lo máximo en que había logrado pensar.

A veces en la oración nos comportamos con Dios de manera semejante. Lo que le pedimos, comparado a lo que podríamos pedirle, no es más que un quintal de estiércol, nimiedades que sirven de muy poco, cuando no cosas superficiales que carecen de valor real.

Si el Señor trata así a aquella mujer es para poder darle, no solo lo que pide, la salud para su hija, sino también aquello que no pide y es más relevante para la salvación: el don de la fe.

2. De esta escena de la mujer cananea, podemos aprender entonces que Dios también escucha incluso cuando parece que no escucha. Con Dios la aparente falta de escucha es ya una manera de atender a lo que le decimos. Por eso, cuando en tu oración pienses que no eres escuchado, acuérdate de esta mujer y ten confianza en el Señor. Si aguarda y retrasa su respuesta no es porque quiera darte con la puerta en las narices, sino porque de esa dilación confía en sacar para ti un mayor beneficio.

Con su silencio Dios hace que nuestro deseo crezca y se purifique, para que el objeto de nuestra oración se eleve, y que, como la mujer del evangelio, pasemos de lo material a lo espiritual y de lo temporal a lo eterno.

Pero, ¿y si aquella mujer en lugar de perseverar se hubiera desanimado y marchado con la primera respuesta de Jesús? ¿No es mucho arriesgar lo que hace el Señor? Lo sería para ti y para mí que no vemos el corazón de las personas, pero no olvides que Cristo conoce la intimidad de cada hombre y de cada mujer, mejor incluso de lo que se conocen ellos mismos. Por eso no pienses que el Señor obra con ligereza o apuesta de manera incierta como hace el que echa los dados al aire. Él sabe bien lo que hay en el corazón de aquella mujer; lo sabe mejor que ella misma. Por eso, porque ve un corazón grande capaz de dar una respuesta de fe, Jesús tensa la cuerda para que salga de ella esa réplica tan maravillosa que has leído en el evangelio. Una respuesta que, muy posiblemente, sorprendiera incluso a la mujer. Y es que hay en nosotros cosas de cuya existencia ni siquiera sospechamos y que salen a la luz de manera inesperada, precisamente cuando más las necesitamos. No es casual. Dios trabaja con su providencia para sacar lo mejor de sus criaturas. Por eso en la prueba, ante el aparente silencio de Dios, no dejes de confiar en Él y busca en ti la contestación que Él espera, y que te hará dar un paso de gigante en tu vida de fe.

3. Tratemos de indagar algo más en la sorprendente manera de comportarse con la mujer cananea que tiene Jesús, en particular en los motivos que le llevan a ello. Te sugería que es la voluntad de llevar a esa mujer a la confesión de fe lo que mueve a Jesús en su manera de tratar a la mujer. Y te decía que lo hace no como quien juega a los dados o a la ruleta a ver qué pasa, sino conociendo el buen corazón de aquella mujer y, por tanto, sabiendo hasta dónde podía llegar si se le exigía más. Pero, en concreto, y a riesgo de ser algo indiscretos y temerarios con la pregunta, ¿qué es lo que vio Jesús en su corazón?

Amor. Eso vio en su interior. Amor de madre por una hija a la que se le escapa la vida. Un amor que la ha movido a ir a Jesús y a exponerse a quedar en ridículo, como parece que va a suceder a tenor de cómo se desarrolla inicialmente la escena. Un amor que rompe la barrera que separaba a judíos y cananeos para obtener el bien de su pequeña. Ese amor, que es amor de verdad, es lo que sirve a Cristo para llevarla a la confesión de la fe. Un corazón que es capaz de amar de esa manera está ya a un paso de poder reconocer el amor con mayúsculas de Dios. Y así, sin quererlo, nos hemos topado con un buen criterio para tu apostolado: no dejes de tenerlo en cuenta. Bonito corolario final.

DECIMOCTAVA SEMANA. JUEVES

1. No te limites a hablar al Paráclito, ¡óyele!
2. Si el Espíritu no mora en nosotros, inútil es todo esfuerzo.
3. Óyele, te insisto. Él te dará fuerzas,
Él lo hará todo, si tú quieres.

1. La escena del evangelio de hoy desvela algo que sucede en lo profundo del alma. Es la conciencia que habla sin ruido de palabras. Es el alma que se entretiene en el diálogo interior del cual brotan palabras de vida. Queda lejos el monólogo estéril, la contabilidad de agravios y la balanza de compensaciones. No. Aquí se habla de otra cosa: se habla de la conversación interior del hombre con Dios. Todo esto es la oración –y ahora mismo podemos pedir al Señor que nos la conceda.

¿Cómo es posible que, recogiéndonos, podamos escuchar a Dios hablando en nosotros, con nosotros? Alguien obra dentro del apóstol –de Pedro, de ti y de mí–, en lo secreto. Es un protagonista escondido, un actor eficaz. La amistad de Pedro con Jesús había purificado su corazón y lo ensancha y hace grande, como grande es la infinita bondad de Dios. No en minutos. Tampoco en horas, y ni siquiera en años; porque Aquel de quien hablamos sopla donde quiere, ilumina cuando quiere. Jesús había elegido a Pedro, y ahora es este quien exclama con claridad: *Tú eres el Mesías, el Hijo de Dios vivo* (*Mt* 16, 16).

El Maestro se conmueve: *¡Bienaventurado tú, Simón, hijo de Jonás!, porque eso no te lo ha revelado ni la carne ni la sangre, sino mi Padre que está en los cielos* (*Mt* 16, 17). Hablamos hoy, de la presencia del Espíritu del Padre en lo más íntimo del corazón humano. Queremos entablar conversación con el Espíritu Santo, que ilumina con su acción la inteligencia y el obrar humanos.

Te exhorto ahora a mirar en tu interior, para decirte, con palabras de un santo: «no te limites a hablar al Paráclito, ¡óyele!»[1].

¿Y qué te va a decir? «Cristo es el Mesías, el Hijo del Dios vivo. Tu salvador. Tu redentor. Tu vida, tu amor, y tu todo. Tu Dios».

2. ¿Quién es ese Espíritu que movió a Pedro a decir la verdad, y continúa obrando el bien en las almas, llenado de sentido la historia entera? El Espíritu Santo. Él es quien obra en nosotros la acción eficaz: si acertamos, es gracias a Él; si somos capaces de algo, es por su poder. Su poder nos hace fuertes; su santidad, divinos; su dulzura, mansos; y su amor, caritativos. Él es el Maestro interior, quien enseñó a Pedro, quien modeló a los santos, quien nos educa a todos y cada uno de los hijos de Dios. Convéncete, el protagonista es Él. Incluso un orador de la talla de san Agustín reconocía:

---

[1] *Forja*, 430.

«El sonido de nuestras palabras hiere el oído, pero el maestro está dentro. No penséis que alguno aprende algo del hombre. Podemos llamar la atención con el ruido de nuestra voz; pero si dentro no está el que enseñe, vano es nuestro sonido». Si el Espíritu no mora en nosotros, inútil es todo esfuerzo.

Muchos escuchan la homilía. La mayoría se matricula en la clase de religión. ¿Qué queda? «¿Acaso no oísteis todos el sermón? ¡Cuántos saldrán de aquí sin instruirse! Por lo que a mí toca, a todos hablé; pero aquellos a quienes no habla aquella unción, a quienes el Espíritu Santo no enseña interiormente, salen sin instrucción. (…) En balde voceamos nosotros si no os habla interiormente Aquel que os creó, os rescató, os llamó y habita en vosotros por la fe y el Espíritu Santo»[2].

Es útil, por tanto, que insista: «no le hables, escúchale».

3. El trato con el Espíritu Santo no suele llegar al inicio del camino de la vida interior. Proponiendo las etapas de su propio crecimiento espiritual, san Josemaría apuntaba: «En tu oración, considera que la vida de infancia, al hacerte descubrir con hondura que eres hijo de Dios, te llenó de amor filial al Padre; piensa que, antes, has ido por María a Jesús, a quien adoras como amigo, como hermano, como amante suyo que eres...». Primero fue descubrir, ya desde pequeño, que Dios es tu Padre. Lo sabías; lo sabes... pero cómo cuesta que esa certeza pase de la cabeza al corazón, de la idea al afecto, de ser algo a ser todo.

---

[2] S. Agustín, *Exposición de la Iª ep. de san Juan*, III, 13 - IV, 1.

En un momento, la presencia del Paráclito se hace real. Aquella invitación –¡óyele!– nos descubre a una Persona a la que habíamos tratado poco: «al recibir este consejo, has comprendido que, hasta ahora, sabías que el Espíritu Santo habitaba en tu alma, para santificarla..., pero no habías "comprendido" esa verdad de su presencia». Lo has escuchado mil veces, y lo has vuelto a sentir en esta meditación: el Espíritu Santo, inspirador interior, presencia amorosa.

«Ha sido precisa esa sugerencia: ahora sientes el Amor dentro de ti; y quieres tratarle, ser su amigo, su confidente..., facilitarle el trabajo de pulir, de arrancar, de encender...

¡No sabré hacerlo!, pensabas. —Óyele, te insisto. El te dará fuerzas, El lo hará todo, si tú quieres..., ¡que sí quieres!

—Rézale: Divino Huésped, Maestro, Luz, Guía, Amor: que sepa agasajarte, y escuchar tus lecciones, y encenderme, y seguirte y amarte»[3].

Pide al Paráclito que se haga presente en tu alma. Y tú, agasájale, enciéndete con el fuego de su Amor, ámale. Basta poco: ¡óyele!

---

[3] *Forja*, 430.

DECIMOCTAVA SEMANA. VIERNES

1. Somos para Dios vasijas preciosas,
tesoros de singular valía.
2. La receta para la realización: el olvido de sí.
3. Abrazar la cruz verdadera de la entrega;
y no esa otra -falsa- del egoísmo.

1. Vivir ciento tres años es garantía de multitud de experiencias. Dos guerras mundiales, un premio Goethe como mejor escritor en lengua alemana, soldado, literato, refinado asistente a tertulias y convenciones, todo eso y mucho más ilustra la vida que Ernst Jünger entregó, pocos meses después de su conversión a la fe católica, el 17 de febrero de 1988.

Durante los años 30 del siglo pasado, Jünger se posicionó abiertamente contra la ideología nazi. Llegó incluso a participar en el atentado que trató de dar muerte a Hitler. Después de haber defendido durante años a su patria, se avergonzó de ella después de conocer el programa nazi de exterminio judío y llegó a afirmar que «el uniforme, las condecoraciones y el brillo de las armas, que tanto he amado, me producen repugnancia».

En su obra *Sobre los acantilados de mármol*, Jünger presenta a un personaje cuya norma de vida nos resulta inspiradora para nuestro rato de meditación. Otón trataba a todos los seres humanos que se le acercasen «como hallazgos raros descubiertos en una caminata. Le gustaba calificar a los humanos de "optimates", palabra con la cual quería indicar que a todos es preciso contarlos entre la nobleza genuina de este mundo y que cada uno de ellos puede obsequiarnos con las dádivas más excelsas. Tomaba a los seres humanos como si fueran vasijas de lo maravilloso y a todos les reconocía derechos de príncipes, como a imágenes excelsas. Y realmente yo veía cómo todas las personas que se acercaban a él se abrían cual plantas que despertasen de un sueño invernal; y no es que se hicieran mejores, sino que se hacían más ellas mismas»[1].

Encontrarse con Jesús y fomentar la amistad con Él es un modo seguro, no solo de hacernos mejores, sino de hacernos nosotros mismos. Jesucristo desea que nos asemejemos a Él sin dejar de ser lo que somos, con nuestra particular forma de ser y las características de conducta que nos son más propias. Los cristianos no se producen en serie, como los seres amarillos que acompañan a Gru, el villano favorito, en el magnífico film de animación. Todos amarillos, todos iguales, todos sin ideas. Eso no es un cristiano. Eso no es lo que Jesús quiere.

Cristo nos considera también a nosotros optimates. Cuando suspendas tu actividad para hacer la oración de cada día, te ruego que tengas esto bien en cuenta: te

---

[1] E. Jünger, *Sobre los acantilados de mármol*, 49.

acercas a Alguien que te considera como vasija preciosa y tesoro sin tasa. Con esa disposición conseguirás llegar a ser tú mismo; o sea, serás capaz de cumplir la voluntad que Dios tiene sobre ti.

2. El evangelio de hoy nos proporciona la receta para conseguir esa meta de llegar a ser lo que hemos de ser. Ahora bien, no pienses que ese encontrarse a uno mismo es una especie de reivindicación pecaminosa. Llegar a ser un hombre y una mujer de verdad, en plenitud de sus capacidades, es afirmar que el fin de la criatura racional –tu fin– es la santidad.

El consejo del Señor para alcanzar esa plenitud es el olvido de uno mismo. *Si alguno quiere venir en pos de mí, que se niegue a sí mismo, tome su cruz y me siga. Porque quien quiera salvar su vida, la perderá; pero el que la pierda por mí, la encontrará* (*Mt* 16, 24-25).

Estas palabras evangélicas traen a mi memoria un recuerdo que, sin embargo, sigue muy vivo. Durante una estancia de voluntariado en un país extranjero, con los «pobres entre los pobres», aproveché la ocasión para charlar largamente con una religiosa española que había sido recientemente trasladada a ese lugar. El motivo de mi conversación era saber más de ellas. Su vida, su dedicación, su amor. Era importante sacar ideas concretas del encuentro para poder guiar con seguridad y rectitud a otras chicas que en un futuro desearan seguir ese mismo camino de ser monja.

«Aquí no hay escapatoria, me dijo con gran sencillez. Somos cinco hermanas, estamos siempre juntas, todo lo hacemos en comunidad, y solo rompemos el silencio para hablar entre nosotras. Cuando estaba en la universidad, aún podía evadirme escuchando música, despareciendo un rato o haciendo un viaje con mis amigas. Aquí no. Aquí estoy obligada –gracias a Dios– a ser yo misma, sin tapujos ni engaños, sin anestesia. Ese ha sido el primer fruto de olvidarme de mí misma: encontrarme de verdad. De este modo veo cuánto me quiere Dios... y también cuánto le quiero yo».

Suena paradójico, pero es verdad: negarse es afirmarse. Piénsalo.

3. Pronto terminaremos nuestra oración de hoy, con el riesgo siempre presente de no haber concretado oportunamente. Me pregunto si siempre es necesario llegar a propósitos determinados, como si los enamorados hubieran de concluir siempre de su diálogo de amor una meta concreta. No sé; no va mucho con el carácter de este autor ese determinismo. Pero hoy lo vamos a hacer. Nos ayuda, como tantas veces, la experiencia de los santos:

« —*Si alguno quiere venir en pos de mí, tome su cruz de cada día y sígame* (*Mt* 16, 24).

¡Con qué amor se abraza Jesús al leño que ha de darle muerte!

¿No es verdad que en cuanto dejas de tener miedo a la Cruz, a eso que la gente llama cruz, cuando pones tu voluntad en aceptar la Voluntad divina, eres feliz, y se pasan todas las preocupaciones, los sufrimientos físicos o morales?

Es verdaderamente suave y amable la Cruz de Jesús. Ahí no cuentan las penas; solo la alegría de saberse corredentores con Él»[2].

---

[2] *Via crucis*, 2ª estación.

Una determinación: distinguir de una vez por todas la verdadera cruz de esas otras que nosotros mismos hemos decidido inventar. Olvídate: el suplicio por no tener unas zapatillas que te gustan, un móvil que te apasiona, una victoria de un equipo de fútbol o una cocina mejor, no son cruces, son, como mucho, preocupaciones. Tendrás que pensar en tu oración si ocuparse tanto en eso es egoísmo, orgullo o falta de fe. No te lo puedo decir yo: ahora bien, no llames cruz a lo que no lo es.

Cruz, así, con mayúscula, es otra cosa: es la perseverancia diaria en los compromisos de amor. ¿Enfermedad?, ¿cansancio?, ¿decepción?, ¿lucha?: todo eso es Cruz; Cruz de la buena que quiere ser abrazada y santificada por el amor de Dios y la sonrisa. Recuérdalo: «ahí solo cuenta la alegría de saberse corredentor con Él». Aunque se sufra. Porque se sufre.

DECIMOCTAVA SEMANA. SÁBADO

1. ¿Insoportables a los ojos de Dios?
2. Si no quieres que corrija enfadado,
   ¿cómo quieres que corrija?
3. Los enfados injustificados.

.

1. Un día nefasto. Todo había salido mal. Para colmo, había quedado con su mujer para ir juntos a Segovia, y ella le había tenido en la puerta cuarenta y cinco minutos esperando. Todo se complicaba, porque pensaban cenar un buen cordero en Segovia y antes querían ir a Misa. El horario, poco a poco, se estrechaba. Cuando bajó la esposa, él la miró furibundo y ella se enfadó por su impaciencia. ¡Menudo inicio de viaje!

Resolvieron ir a Misa en un pueblo que hay de camino. Lluvia de verano. Agua en cantidad. Prisas. En una curva de incorporación a la autopista, el coche hizo *aquaplaning*... ¡y chocó! Por suerte iban despacio y salieron ilesos, pero la parte delantera izquierda del coche quedó destrozada: sin faro, el capó levantado, el parachoques hecho trizas...

En fin, ellos intactos, y el coche funcionaba... así que decidieron seguir con su viaje; habían quedado con otro matrimonio amigo en el lugar de la Misa. Se reunirían allí e irían juntos en su coche, porque de noche y sin un faro es peligroso conducir. Los ánimos entre los esposos, como es de suponer, iban siendo cada vez menos amistosos: silencios tensos, miradas orgullosas. Él pensaba que si ella hubiera sido puntual nada habría pasado…; mientras ella seguía dándole vueltas a la idea de que por más que él diga, en realidad no tiene razón: hay tiempo para todo y unas cosas son más urgentes que otras… y si se habían salido en la curva era por las prisas y lo tenso que se había puesto.

Con este espíritu llegaron (tarde) a Misa. Terminaba el evangelio –precisamente el que escuchamos hoy en Misa– y los fieles se sentaban. El sacerdote, un hombre de unos cuarenta y cinco años, gritó a pleno pulmón: «¿¿Hasta cuándo tendré que soportaros?? Eso dice el Señor en el evangelio que acabamos de escuchar. Pero, ¿por qué lo dice?, ¿no será porque nos hacemos nosotros insoportables ante Dios? Fijaos bien: si algo es difícil de aguantar se dice que es inaguantable, y si alguien es difícil de soportar… se dice que es insoportable».

«Esto es el colmo, pensó el varón, he hecho lo imposible para venir a Misa, y que me digan que soy insoportable a los ojos de Dios…». Sin embargo, pronto cayó en la cuenta de que, durante esa media hora de viaje, su mujer le había resultado insoportable. La diferencia se hizo patente: a Jesús le resultaba insoportable la poca fe de los hombres, porque de ese modo les falta justamente lo que da sentido a su existencia y les permite vivir siempre cara a Dios y cara a los demás hombres; mientras él, en cambio, solo se había fijado en los defectos de su esposa.

A Jesús le resulta insoportable nuestra falta de fe no porque a Él le fastidie, sino porque una vida que no va más allá es muy difícil de vivir, es insufrible, carece de sentido. Jesús se enfada porque nos quiere... y nosotros debemos pensar si cuando nos enfadamos es por amor... o por orgullo, o por falta de paciencia.

2. Existe una ocasión legítima para enfadarse: los antiguos la llamaban «santa ira». Quizás su expresión más conocida sea la expulsión de los mercaderes del templo, cuando Cristo entra, hace un azote con cordeles y expulsa a todos aquellos vendedores y traficantes que pervertían el sentido del lugar más santo de los judíos.

Jesús no cometió pecado, de modo que esa determinación, quizás algo violenta, no puede ser sino un acto de virtud. Dicho de otra manera: hay ocasiones en las que el enfado puede ser legítimo para la corrección.

Cuentan que un sacerdote estaba predicando sobre la dulzura a la hora de amonestar a los demás, en presencia de su santo fundador. En un momento determinado, después de insistir muchas veces en la necesidad de reprender siempre sin enfadarse, el santo le matizó con claridad meridiana: «Hijo mío, en determinadas ocasiones, si no quieres que corrija enfadado, ¿cómo quieres que corrija?».

Así es: en ciertas ocasiones es necesario enfadarse para corregir; por ejemplo, cuando la falta es muy grave o cuando, de seguir por ese camino, se va directo a la perdición.

La experiencia lo dice: es necesario manifestar contrariedad y es una muestra de autoridad mantenerla en el tiempo con los que son especialmente orgullosos y han incurrido en faltas que, o bien son especialmente graves, o bien dinamitan la confianza con los superiores.

No se deben levantar los castigos sin causa justificada, llevados solo por la compasión. De ese modo, perderás autoridad. Muchas veces cuesta más mantener un enfado que dejarlo estar, pero puede ser un ejercicio de caridad. Tal vez sea el único modo de que el otro sea consciente de lo que ha hecho. Es entonces cuando se puede cambiar de actitud.

Mira el evangelio de hoy. Quizás los apóstoles se creían ya importantes, y ese día, ante su incapacidad de expulsar el demonio, se pusieron un poco rabiosos y, en el fondo, comenzaron incluso a desconfiar del Señor, que en los casos difíciles no funciona. Cristo se enfada, claro: tened más fe –parece que les dijera–, y sed más humildes....

3. Con todo, en la vida cotidiana trae muy poca cuenta enfadarse. Si somos sinceros, descubriremos de inmediato cómo la mayoría de nuestros disgustos provienen de pequeñeces que sientan mal a nuestro orgullo o que traicionan nuestro ego (yo, me, mi, conmigo). Somos así: no nos enfadamos por las cosas verdaderamente importantes, y nos revientan "minusculeces" que tienen nula relevancia.

Sincérate: el autobús que no llega, un atasco, un retraso de tu novia, la indelicadeza de tu esposo, una llamada de tu suegra o la lluvia imprevista una tarde de verano. ¿Llegará el día en que seamos capaces de relativizar todas esas cosas y hacer de nuestra convivencia un espacio más pacífico?

Mojarse con la lluvia es malo porque pensamos que es malo y muy molesto, pero si cambiamos de óptica a lo mejor es incluso hasta agradable: ¿no has visto a los niños cómo disfrutan saltando en los charcos?; correr detrás de un papel que se te ha caído es desesperante, pero muchos corren detrás de una pelota y hasta se divierten. Decía Chesterton que llegaría a ser un deporte eso de correr detrás del propio sombrero, porque todo es susceptible de ser transformado en algo apasionante, lúdico, positivo... todo, salvo el pecado.

Por eso, haz una lista de esas cosas de los demás que te ponen enfermo y te cargan absolutamente, y analiza si no será más bien que te vuelves, con los años (o sin los años), un poco maniático. Quizá descubras que lo que te parecía una molestia es, en realidad, una oportunidad... Pídele a Jesús hoy, al terminar este rato de oración, el don de enfadarte solo cuando sea necesario y bueno para los demás.

DECIMONOVENO DOMINGO. CICLO A

1. En la búsqueda del silencio sonoro.

2. Jesús, presente en medio del ruido y de la tempestad.

3. Mantenerse en pie a pesar del viento contrario.

1. De pie y con el rostro cubierto, saliendo a la entrada de la cueva, percibió el profeta Elías la presencia de Dios. El Señor le había augurado que pasaría cerca de él; aun cuando no le dijo que lo haría de la forma más sencilla. Se narra en la primera lectura.

Sal y permanece de pie en el monte ante el Señor (*1 R* 19, 11). Después de la promesa, tres fenómenos parecieron presagiar la potencia del Dios todopoderoso. En primer lugar, un viento fuerte, huracanado, *que hendía las montañas y quebraba las rocas* (*1 R* 19, 11), no fue suficiente para revelar a quien es todo misericordia. Después se produjo un terremoto, con idéntico resultado. Finalmente, un fuego devorador vino a mostrar que ni en el incendio, ni en el movimiento de tierras, ni tampoco en aire violento estaba el Señor.

Fue un susurro el que reveló, no obstante, algo de su divino rostro. El texto original, según los expertos, apunta que Elías consiguió escuchar al Señor gracias a un sonoro silencio. La traducción litúrgica habla de un *ligero rumor*. Ambos sentidos nos hablan, a ti y a mí, de un camino claro para el encuentro con Dios.

¿Quieres hallar a Dios? Busca el silencio; un silencio que no es mera suspensión de ruido. Busca el silencio sonoro que la Biblia ilustra con el pasaje de Elías. Trata de encontrar el silencio que huye de la violencia del viento, del crepitar del incendio o del movimiento atroz del terremoto interior.

¿Quieres encontrar a Dios? Apaga el ruido exterior... pero, sobre todo, aquieta tu mundo interior. No es fácil: las tareas se agolpan en nuestra inteligencia, centenares de representaciones acuden a nuestra imaginación.

Nuestra plegaria de hoy es un secreto a voces, un misterio conocido de siglos: orar con la esperanza de dialogar verdaderamente con Dios es solo posible en la quietud. Apagar los sentidos, aquietar preocupaciones, callar por dentro y por fuera. Cuidar con exquisita dedicación la oración preparatoria que debe anteceder nuestro rato de meditación. Dedicar el tiempo que haga falta para estar en presencia de Dios. Recitar una y otra vez oraciones que nos recuerden que está cerca. Motivar, finalmente, ese sonoro silencio.

2. No es precisamente quietud, sino pavor y desorden. Caos. Esa es la dramática situación en la que el evangelio de hoy presenta a los asustados apóstoles.

Después de una jornada llena de prodigios, en la que el Señor alimentó a miles de personas mediante la multiplicación de los panes y los peces, por fin llega la noche. Jesús se retira a orar, mientras los discípulos no siguen su ejemplo. Deciden embarcarse para cruzar a la otra orilla del lago. Quizá tenían prisa; quizá ni siquiera tenían costumbre de rezar. Así eran, así somos... y así les quiso y nos quiere el Señor.

El viento contrario, las aguas revueltas y la lejanía de costa. Los marineros se emplean. Sin embargo, lo más sorprendente está aún por llegar. Jesús camina hacia ellos en medio de las aguas. No bastó su palabra de ánimo, anuncio explícito de que era Él mismo quien se acercaba. *¡Ánimo, soy yo, no tengáis miedo!* (*Mt* 14, 27).

Pedro, siempre dispuesto a iniciar la proeza, y no siempre en disposición de llevarla a término, se lanza al encuentro del Salvador. También el duro patrón de Galilea hace de las aguas su suelo firme, confiado en la promesa del Salvador, que le había dicho: *ven conmigo*.

La fuerza del viento le hizo sentir miedo. Comenzó a hundirse, provocando el reproche de Jesús: *¡Qué poca fe!, ¿por qué has dudado?*.

Si en el primer rato de meditación pensábamos en la importancia de mantener un silencio interior que motive la presencia de Dios, ahora debemos considerar despacio cómo mantenemos esa quietud en medio de los vientos de la vida ordinaria. Es verdad –Jesús nos lo dice– que esa imposible tarea de caminar con sosiego en las tempestades de cada jornada es hacedera con fe; una fe que se apaga cuando el hombre se apega a su quehacer, y deja a un lado la presencia de Jesús –firme, fuerte, llena de amor– para ocuparse en mil cosas, como si todo dependiera de uno mismo... y nada de Dios.

3. Si algo tienen en común Elías, Jesucristo y Pedro en los pasajes que la liturgia nos obsequia en este día, es que los tres se mantuvieron en pie. Elías se puso en pie –y se cubrió el rostro– a la entrada de la cueva. Cristo anduvo erguido por el mar de Galilea, y Pedro, si bien lleno de dificultades, también llegó a mantenerse caminando por el lago de Genesaret.

Hubo alguien más capaz de mantenerse en pie en un momento decisivo para la salvación de los hombres. Fue la Virgen María junto a la cruz. Transida de dolor por la muerte del Hijo, no perdió por ello la posición de alerta, próxima al suplicio y atenta a su Amor. No perdió pie porque no perdió la fe.

Imagino que para el resto de los santos tampoco la prueba ha sido menor y, su constancia, por eso mismo, es admirable. *Siento una gran tristeza y un dolor incesante en mi corazón* (*Rm* 9, 2), dice san Pablo en la segunda lectura. La amargura que atacaba el corazón de Pablo no arruinó su alma de apóstol. Continuando con la alegoría, también él se mantuvo en pie frente a las dificultades. ¿Cuestión de fortaleza? Cuestión, nuevamente, de fe... y de vigilancia.

Cuando Pedro perdió de vista a Jesús, comenzó a venirse abajo. Esa experiencia es ajena a quien se encuentra en presencia de Dios. Cedió en lo pequeño, distrajo su mente con lo que no da fuerza, y comenzó a caer en lo grande.

«Ha sido una dura experiencia: no olvides la lección. —Tus grandes cobardías de ahora son –está claro– paralelas a tus pequeñas cobardías diarias.

"No has podido" vender en lo grande, "porque no quisiste" vencer en las cosas pequeñas»[1].

Vigila, entonces, esa multitud de pequeñas concesiones que pueden hacerte perder pie, y que son origen y causa de esas otras ocasiones en que caes finalmente por tierra al titubear si el viento es contrario.

---

[1] *Camino,* 828.

DECIMONOVENO DOMINGO. CICLO B

1. Levántate y come: el camino es superior a tus fuerzas.

2. Dios existe y habla con los hombres.

3. La presencia alentadora de Jesús.

1. *Levántate y come, pues el camino que te queda es muy largo* (1 R 19, 7). Elías está tan desanimado que se ha convencido de que no puede más. Ha llegado a oídos de Jezabel –la esposa del Rey– que el profeta ha dado muerte en el Carmelo a todos los sacerdotes de Baal a los que ella tenía tanto afecto, y ha jurado entre dientes: *Que los dioses me castiguen si mañana a estas horas no he hecho con tu vida como has hecho tú con la vida de uno de estos* (1 R 19, 2).

Elías echa a correr: huye de la ira de la reina. Sabe que tiene sus horas contadas. Tiene miedo a la amenaza, ha puesto todos los medios a su alcance para salir del peligro, pero el desierto es largo, el camino angosto, el sol aprieta. Elías corre, pero faltan el agua, las fuerzas, el ánimo y, al final, se agosta incluso su deseo de vivir. «Hasta aquí hemos llegado», debió de pensar Elías en su interior, y sentándose bajo una retama, esperó la muerte.

En muchas ocasiones encontramos también nosotros innumerables motivos para desanimarnos en el camino de la vida. A veces son amenazas muy serias como la sufrida por el profeta; pero, casi siempre, es sencillamente el peso y el bochorno del día a día. Son pequeñeces, pero pequeñeces que nos cargan, y que –todas juntas– llegan a hacer del nuestro un camino intransitable: una sociedad contraria a nuestro deseo de ser buenos hijos de Dios, amistades que no son todo lo fieles que desearíamos, amores efímeros, una relación difícil con los padres (o con los hijos), enfrentamientos familiares, dificultades de estudio o de trabajo...

No des la espalda a tus propios problemas. Aprovecha este rato de oración para exponerlos con naturalidad delante de Dios. Elías fue más claro que nadie: *déjame morir*, exclamó en su interior. Nosotros vamos a decirle cómo estamos y, concretamente, qué cosas nos desaniman. Es momento de sincerarse con Dios, para poder escuchar «como por primera vez y dicho bien bajito al oído de tu corazón» las palabras que consolaron el alma de Elías y le impulsaron a seguir adelante:

«Levántate y come, pues el camino que te queda es muy largo». Elías se levantó, comió, bebió y, con la fuerza de aquella comida, caminó cuarenta días y cuarenta noches hasta el Horeb, el monte de Dios (*1 R* 19, 7-8).

2. ¿Qué alimento era ese que Dios entregó a Elías? Era la noche del 21 de agosto de 2011: vigilia de oración en la Jornada Mundial de la Juventud de Madrid. Centenares de miles de jóvenes en torno al santo Padre. El cielo castellano se había cubierto de nubes de tormenta y el viento arreciaba. El momento era de máxima tensión y todo amenazaba ruina. Comenzó a llover como los ancianos del lugar jamás habían visto. Caían rayos y rugían los truenos; unos paraguas intentaban –en balde– proteger al santo Padre del agua; la megafonía dejaba progresivamente de funcionar; el sistema de luz era aún suficiente, pero las pantallas abandonaron temporalmente toda emisión; una de las carpas que rodeaban el perímetro saltó por los aires por la fuerza del viento...

Era imposible cualquier comunicación. Los aparatos informáticos echaban humo. Cientos de unidades móviles provistas de teléfonos de última generación, portátiles excepcionales, torres de emisión/recepción de último nivel... nada era suficiente porque nada vale cuando dos millones de personas se dan cita (con sus móviles) en un mismo lugar: la red estaba absolutamente saturada.

Poco a poco, amainó la lluvia, cesó el viento. El santo Padre quiso seguir adelante con la ceremonia de Adoración. Se acortó la liturgia y se dio paso al acto central: la exposición del Santísimo. Benedicto XVI se arrodilló a los pies de Jesús sacramentado, y esa magnífica grey de dos millones de jóvenes hizo exactamente lo mismo sobre el embarrado suelo del aeródromo de Cuatro Vientos. Silencio absoluto; solo una ligera brisa dejaba oír su voz. Almas que rezaban. Dios más presente que nunca.

Fue entonces cuando los periodistas empezaron por fin a enviar sus comunicaciones. Todos los muchachos habían dejado a un lado sus móviles y estaban pendientes de Cristo Eucaristía. La red quedaba libre: los profesionales podían hacer su trabajo. Jaime, joven periodista, quedó como estupefacto y entendió repentinamente que toda esa masa humana hablaba, a la vez, a una única Persona: Jesucristo. Dios existe, y habla con los hombres... y los hombres con Él. Aquel día cambió su vida: hay alguien trascendente a quien dirigirse.

Dios presente en un trozo de pan: la Eucaristía. *Párate y come*, le dijo Yahvé a Elías: dedícale tiempo, te dice hoy a ti. El camino de la vida es largo: apóyate en la adoración al santísimo Sacramento. ¿No te das cuenta de que cada vez hay más lugares donde adorar al Santísimo expuesto en la custodia? Aprovéchalo: pasa tiempo delante de Él. Recibirás mucha –muchísima– fuerza.

3. Nuestro Señor Jesucristo está tan cerca que a veces nos cuesta reconocerlo. Es cierto. Pero no hay que extrañarse: lo mismo les ocurrió a sus contemporáneos, incluso a sus conciudadanos: *¿No es este Jesús, el hijo de José? ¿No conocemos a su padre y a su madre? ¿Cómo dice ahora que ha bajado del cielo?* (*Jn* 6, 42).

El mismo Jesús que habló a aquellos galileos está hoy en nuestras iglesias, y más concretamente en nuestros sagrarios. ¿Serás capaz de imaginar cómo sería tu vida si tuvieras presentes todos los tabernáculos que hay desde tu casa a tu lugar de estudio o de trabajo? Repasa mentalmente el recorrido e imagina que vas saludando al Señor en cada uno de ellos. Una oración continua, un jamás sentirse solo, un empujón constante para hacer frente a una existencia, diaria, que quiere estar llena de luz y de alegría porque... así quieres que sea, ¿no?

Adorar a Jesús en medio de nuestras actividades cotidianas: ofreciendo todo lo que tenemos entre manos, compartiendo con Él nuestros fracasos, ilusionándonos juntos por nuestras victorias, confiándole nuestras inquietudes y tomando fuerza de su gracia todopoderosa.

Nunca más un cristiano solo: métetelo en la cabeza. Jesús Eucaristía está cerquita de nosotros, y no solo cuando lo recibimos en la comunión o lo adoramos en la custodia sino cuando contamos con Él en nuestro día a día y experimentamos su presencia alentadora, capaz de dar ánimos y fuerzas a nuestros corazones vacilantes.

Párate y aliméntate, que el camino es largo...

DECIMONOVENO DOMINGO. CICLO C

***1.** El valor de la persona a los ojos de Dios.*
***2.** La inutilidad de las preocupaciones terrenas.*
***3.** El abandono no es desinterés: al contrario.*

1. «En el pasaje evangélico de este domingo», afirma Benedicto XVI, «prosigue el discurso de Jesús a los discípulos sobre el valor de la persona a los ojos de Dios y sobre la inutilidad de las preocupaciones terrenas. No se trata de un elogio al desinterés. Es más, al escuchar la invitación tranquilizadora de Jesús: "No temas, pequeño rebaño, porque a vuestro Padre le ha parecido bien daros a vosotros el Reino" (*Lc* 12, 32), nuestro corazón se abre a una esperanza que ilumina y anima la existencia concreta: tenemos la certeza de que "el evangelio no es solamente una comunicación de cosas que se pueden saber, sino una comunicación que comporta hechos y cambia la vida. La puerta oscura del tiempo, del futuro, ha sido abierta de par en par. Quien tiene esperanza vive de otra manera; se le ha dado una vida nueva" (*Spe salvi*, 2)»[1].

---

[1] BENEDICTO XVI, *Ángelus* (8-8-2010).

Dos son, por tanto, los aspectos que el Romano Pontífice trae a nuestra consideración.

En primer lugar, el valor de la persona a los ojos de Dios. Cristo exhorta al empleo de la riqueza en beneficio de los demás y alaba el valor de la limosna. ¿Por qué? Porque *donde está vuestro tesoro, allí estará también vuestro corazón* (*Mt* 6, 21). Es en Dios y en los demás donde debemos poner nuestro corazón pero... ¿está realmente allí nuestro tesoro? Piensa en qué gastas tu dinero (el ocio, la moda, el deporte... o los demás), y obtendrás una respuesta.

Te ayudará, además, en este progreso del conocimiento de ti mismo, el examen de tus pensamientos y consideraciones, especialmente cuando caminas solo por la calle, o ves una película y descansas en el sillón. En esas consideraciones que ocupan tu inteligencia pones tu corazón, porque es ahí donde –en el fondo– consideras que se encuentra la riqueza de tu vida. ¿En qué piensas habitualmente? Es importante: en eso está tu corazón.

2. El segundo pensamiento de Benedicto XVI que ilustra nuestra meditación habla de la inutilidad de las preocupaciones terrenas. El fundamento de esta sana despreocupación es el convencimiento de que Dios toma cuidado de nosotros: somos su *pequeño rebaño*. Él es el Todopoderoso que promete un tesoro inagotable en el cielo para los que son fieles al amor.

Para insistir con más vehemencia aún en la necesidad de abandonarnos en Él, Cristo califica nuestro papel en la tierra como el de meros administradores. De este modo, nos pone al nivel que nos corresponde y tranquiliza la conciencia: nosotros hacemos lo que tenemos que hacer, lo que podemos, sin mayor preocupación a propósito de si el negocio va bien o va mal.

A veces puede cundir la desesperanza en las almas al contemplar el ocaso de una época y de una cultura: muerte, destrucción, guerra, pobreza. Convenzámonos de que ese juicio nos supera. La historia está en manos de Dios, que la llevará a término cuando quiera y como quiera. Cuenta, para eso, con nuestro esfuerzo, pero es Él quien conoce el camino. Nosotros, administremos nuestras vidas con generosidad, construyendo donde no hay ladrones que roben, ni polillas que roen. Edifiquemos nuestra vida sobre la virtud de la fe, vayamos adelante fundados en la esperanza. Mirando al cielo administremos lo de abajo con mayor empeño... y con total despreocupación. Suena atractivo. Suena a descanso.

3. La indiferencia frente a las preocupaciones no es, en absoluto, prueba de un desinterés o una condena del mundo. Todo lo contrario.

San Francisco de Sales nos invita a reposar nuestros ojos en Cristo crucificado y aprender de Él la sana despreocupación por lo presente. La meta es ganar un confiado abandono en las manos del Padre: «Imitemos al divino Salvador que, como Salmista perfectísimo, canta los soberanos rasgos de su amor sobre el árbol de la Cruz, concluyéndolos de esta manera: "Padre en tus manos encomiendo mi espíritu" (*Lc* 23, 46) (...) ¿Qué resta si no expirar y morir de muerte de amor, no viviendo más para nosotros mismos sino Jesucristo viviendo en nosotros (*Ga* 2, 19-20)?

(...) Entonces todos los acontecimientos son recibidos suavemente: porque, ¿quién estando en las manos de Dios y reposando en su seno, habiéndose abandonado a su amor y entregado a su arbitrio, experimentará cosa que pueda estremecerlo y moverlo? Ciertamente, en toda ocurrencia (...) pronuncia de corazón esta santa aquiescencia del Salvador: "Sí Padre, porque así lo has querido" (*Mt* 11, 26)»[2].

Olvidarse de uno mismo para poner los ojos del todo en Dios. Morir a la propia voluntad para no tener otra distinta que la de nuestro Padre. Será entonces cuando «estaremos disueltos en el prójimo, porque veremos esas almas en el pecho del Salvador (...). Es este prójimo querido, en el seno y en el pecho del Salvador, amadísimo y tan amable que el Amante muere de amor por él. (...) Este amor natural de las correspondencias, de las simpatías, y de las gracias será purificado y reducido al amor todo puro de la voluntad de Dios. (...) Sobre estos fundamentos, abandonémonos nosotros mismos en el fondo del Corazón traspasado de Nuestro Señor. Haga de nosotros y en nosotros la voluntad real de este Corazón soberano (...). Que por siempre nuestro corazón muera para revivir eternamente de la muerte de su amor».

---

[2]   http://ec.aciprensa.com/wiki/Abandono_en_Francisco_de_Sales#.UaM09bUvnDs. También para las citas que siguen.

DECIMONOVENA SEMANA. LUNES

1. *Razumikin estaba siempre alegre.*
2. *Ocasiones para estar triste.*
3. *Consejos.*

1. «Mató a la vieja». No te destripo nada: es el comienzo de la novela. Raskolnikov, protagonista de *Crimen y Castigo* y compañero de nuestra meditación de hoy, asesinó fríamente a su inmisericorde arrendataria. Frecuentaba desde hacía algún tiempo esa vivienda casi infrahumana, pero no podía hacer frente a los pagos impuestos por la cruel señora. Perdió la razón: no podía más... y «mató a la vieja».

Esta obra maestra de Dostoievsky nos cuenta la lucha de un hombre y su conciencia. Vale la pena leerla. En el conjunto de peripecias sufridas por Raskolnikov, aparecen infinidad de personajes perfectamente descritos: su físico, su personalidad, la conciencia, los gustos... todo. Unos coléricos, otros mansos; unos cuerdos, otros locamente perdidos... Leer esas páginas significa contemplar un magnífico desfile de tipos de personalidad y modelos de vida. Por eso, leer ayuda tanto al lector a madurar y conocer cómo es el hombre: sus deseos, sus inquietudes, sus amores, sus decepciones. ¡Qué importante es dejar tiempo para la lectura en nuestra vida: novelas buenas, provechosas, que enseñan y hacen disfrutar como pocas cosas en la vida!

De entre esa pléyade de personajes, destaca Razumikin. Buen amigo del protagonista, brilla por su alegría y buen humor: siempre está contento. De él se dice que, aunque llueva o haya sequía, haga frío o calor espantoso, viva en un palacio o debajo de un puente... siempre estaba feliz. Nada puede borrar la sonrisa de su boca: es una figura fundamental, tanto para levantar el humor de Raskolnikov, como para animar el corazón del lector, que más de una vez queda abatido ante la multitud de dramas que Dostoievsky desarrolla.

Siempre estaba contento. Pídele a Dios que pueda ser este el sello de tu vida, la huella que dejes en las conciencias, el rastro de tu paso de hijo de Dios por las vidas de los hombres.

«¿Qué tendrá este chico o esta chica para iluminar así?, ¿acaso no veis todos el brillar de su sonrisa?».

2. A veces no es fácil sonreír. Jesús anuncia en el evangelio de hoy una vez más su pasión dolorosísima, y los apóstoles –lógicamente– se entristecen: *Ellos se pusieron muy tristes* (*Mt* 17, 23).

Estar siempre alegre no significa que no haya dolor en la propia vida. Me explico. Hay dos motivos que son ocasión de un ánimo decaído.

El primero es el pecado que ensombrece el alma y crea amargura en el corazón. Es fácil deshacerse de esta tristeza (por pura gracia y misericordia de Dios): basta desterrarla rápidamente con una buena confesión y tratar de no pensar más en ello.

El otro motivo de desasosiego es la sospecha de perder a una persona amada o las seguridades de la vida. Una situación tal genera angustia en nuestra pobre alma y hace que nos sintamos muy desamparados. Se trata de una tristeza natural que nace del amor a los demás o a la propia supervivencia; es compleja, de modo que en nuestra oración de hoy vamos a meditar unos consejos para vencerla.

Ante los acontecimientos de la vida que causan dolor, lo primero es considerar que la tristeza es más intensa al principio, pero se mitiga con el paso del tiempo. En una palabra, hay que tener paciencia.

Esto es especialmente difícil cuando se es joven. Los mayores suelen tener claro que un desplante de la persona querida o un tropiezo en los estudios no es el final del mundo... aunque al joven se lo parezca. Incluso cosas irreversibles, como la muerte, se superan con el tiempo. Ellos tienen más años, y saben que la vida es larga: todo se puede arreglar, especialmente si se cuenta con la ayuda de Dios.

Por esta razón, hay que luchar especialmente en la juventud para que cada cosa no sea todo o nada –como cuando uno se quiere morir por el no de esta chica, o porque aquel chico ni siquiera dejó caer un mensaje–. Paciencia: ni todo es tan importante, ni todo se ha de resolver ¡ya!, justo en este instante.

En segundo lugar, hay que tener en cuenta que las situaciones de estrés y de tristeza vienen acompañadas con frecuencia de falta de descanso. Quizá el buen consejo de dormir sea especialmente difícil de cumplir en los padres y madres de familia, tan atareados con mil cosas, pero a pocas personas les hará tanto bien. Descansar. Lo decía san Agustín: el sueño (dormir) mitiga la tristeza y pone cada cosa en su sitio.

Muchas veces, ese agobio y esa falta de paz interior se resuelven sencillamente durmiendo. Además, hay que buscar una pequeña distracción que permita, al menos una vez a la semana, descansar de nuestro ordinario y agotador ritmo de trabajo.

Haz examen; durante el invierno pasado, ¿te cuidaste mínimamente?

3. Cuando el desánimo se apodera del alma, suele sobrevenir un habitual estado de hartazgo, que bloquea tomar determinaciones. Es una sensación similar a la que se experimenta después de una comilona: es sencillamente imposible hacer nada. Cualquier cosa cuesta un riñón: hacer la cama por las mañanas, arreglar el armario, llamar a tu mujer o a tu novia, mandar un *sms* a tu novio («¡que lo haga él!»), hacer los deberes... cualquier cosa que no conlleve un beneficio inmediato parece una cima insuperable. Todo es agotador.

Las cosas «que hay que hacer» se hacen por pura inercia, con cierto tonito interior de asco, pereza, desagrado, insatisfacción. Sí, se sobrevive: porque la familia no puede permitirse que la madre esté ausente o el padre no rinda... pero se vive con tristeza de la buena (de la mala), sin gusto por las cosas.

Si esto te ocurre, di «¡hasta aquí!». ¿Cómo? Tomando pequeñas decisiones; muy concretitas y definitivas: quizá te baste seguir haciendo lo mismo, pero porque quieres. Hay mucha diferencia entre hacer las cosas obligado o porque quieres de verdad (ojo: hacerlas porque quieres no equivale a hacerlas con gustirrinín...).

Desea lo que tienes entre manos: «quiero hacer la cama y se lo ofrezco a Dios, quiero ordenar mi cuarto y agrado a mi madre, quiero cuidar a mi esposa…». ¡Porque de verdad los quiero! –¿cómo no va a ser verdad?–. Vence ese fondo de pereza que ensombrece tu conciencia… y descansa habitualmente.

También te ayudará –este es el último consejo– exponer tus propias penas y oír palabras de consuelo. Santo Tomás de Aquino decía que eso fue lo que ayudó a Job a superar sus dificultades: encontrar amigos buenos a los que abrir su alma recibiendo en contrapartida una mirada de cariño y de amor.

Considéralo ahora, al final de este rato de oración. Piensa si no tiendes a encerrarte un poco en ti. No dejes de hablar con tu mujer, con tu marido, con tus amigos. Y no olvides que la necesidad de abrir el alma a un buen director espiritual es hoy más necesaria que nunca, porque el mundo (y Dios) te quieren *alegre*.

DECIMONOVENA SEMANA. MARTES

1. Cosas de niños.
2. Respuesta con niños.
3. Hacerse pequeño.

1. ¿Cuál es el barco más grande del mundo? ¿Y el edificio más alto? ¿El hombre más fuerte? ¿El coche o el avión más rápido? ¿Quién es el más importante? Todas ellas son preguntas propias de un niño y además no se cansa de formularlas, ninguna respuesta parece suficiente para saciar la curiosidad infantil por esas cosas. Pues, como si se tratase de niños, los discípulos presentan hoy a Jesús en el evangelio que leemos en la Misa una de esas preguntas: *¿Quién es el mayor en el reino de los cielos?* (*Mt* 18, 1).

La pregunta es de niños y la motivación también. Porque da la impresión de que lo plantean a colación de lo que acaba de suceder o, al menos, san Mateo, remarca al comienzo del pasaje de hoy su continuidad con el de ayer. La cuestión sobre el impuesto del templo y cómo Jesús pide a Pedro que pague por los dos con la moneda que encuentre en el pez, parecen poner a Simón en un lugar destacado. Y claro, los demás enseguida sienten el cosquilleo de la envidia y las preguntas que lleva con frecuencia adosadas: «¿por qué él?, ¿acaso es mejor que los demás?».

Y todo ello forma parte de la misma secuencia que comenzaba Mateo con el segundo anuncio que les hace el Señor sobre su pasión, muerte y resurrección. Como señala el evangelista, el anuncio les puso muy tristes, pero de nuevo como si fueran niños, se les olvida rápido cuando piensan que alguno ha tomado la delantera. Pídele a Jesús madurar y dejar esas cosas de niños, como hicieron los Doce. Dejar la envidia, el estar pendiente de qué hacen otros o si me toman la delantera en algo. Dejar de pensar en aparentar, en hacer la pose. Cuentas para ello con la paciencia y ayuda del Señor que, como aprecias en en el evangelio no se enfada, porque sabe que es cosa de la inmadurez propia de su fe, que no es todavía una fe adulta. Lo que hace es ponerse con calma a enseñarles y a sacarles de su error.

2. Y, como la pregunta de los discípulos parece cosa de niños, el Señor les contesta con cosas de niños. Así que toma un niño, de los que andarían por allí cerca jugando, lo pone en medio de todos y les dice: *En verdad os digo que, si no os convertís y os hacéis como niños, no entraréis en el reino de los cielos* (*Mt* 18, 3).

Conversión, esto les pide Jesús ante su pregunta. Es que ni entra a responder en realidad, sino que les propone que cambien de mentalidad. La cuestión que plantean los discípulos, lo que manifiestan, es la necesidad de que cambie la mente de quienes hacen esa pregunta. Y han de hacerlo a semejanza de la mente de un niño. Claro que quizá objetes: ¿si no decíamos antes que la pregunta con que comenzaba todo era cosa de niños, de falta de madurez, en qué sentido entonces hay que entender que la solución es hacerse niño?

En realidad, la cosa es tan sencilla como tener presente que de una misma realidad pueden destacarse diferentes aspectos, y ser juzgada apta para unas cosas y no apta para otras. Así se entiende con facilidad que puede ponerse algo como ejemplo en un sentido y no serlo en otro. Ciertamente, los niños no son ejemplo de madurez, pero sí de sencillez. Y aunque su fe se manifiesta inmadura, la vía de mejora no es otra que la inocencia. La mente de los apóstoles ha de cambiar y hacerse más sencilla para no encasquillarse con comparaciones y envidias. Hacerse niño, no por inmaduro, sino por sencillo, por no tener doblez ni segundas intenciones o interpretaciones de las cosas. Esto te animará a buscar al Señor para poder entrar en su reino.

3. Hacerse como un niño. Más todavía, hacerse pequeño como ese niño que puso Jesús en medio. ¿Qué significa esto? Desde luego hay que evitar un error al pensar en lo que dice Jesús, y es caer en una falsa humildad que lleva no a hacerse pequeño sino a empequeñecerse. No se trata, de ningún modo, de dejar de esforzarse por hacer las cosas lo mejor que podamos y ofrecer los talentos que Dios puso en cada uno para servir a los demás y a Dios mismo. Menos todavía de negar o esconder esos talentos. No, hacerse pequeño no es esto; no, al menos, en el sentido positivo en que lo pide el Señor a los suyos.

Hacerse pequeño es reconocerse necesitado de Dios, saber que solos no podemos llevar a cumplimiento nuestra vida ni la de quienes amamos. En definitiva, tiene que ver con la humildad. Ponernos ante Dios como niños es dejar a un lado nuestro orgullo y nuestra soberbia, para pedirle aquello que necesitamos y confiarnos a su providencia. Dejar de buscar el control y dominio sobre todas las cosas que hacemos para ponerlas en manos de Dios. ¡Y qué agobio tan grande nos quitamos de encima! Porque hacerse niño y confiar así en Dios y en su providencia libera de una carga muy pesada. Fruto de hacerse pequeño y ganar en humildad será sin duda dormir mejor, como duermen los niños. No porque no haya preocupaciones ni dificultades, ni tampoco porque seamos de una ingenuidad desmedida, sino porque las abandonas en manos de tu Padre Dios. Por eso, vamos a pensarlo al revés: si vas muy agobiado, si te cuesta dormir, quizá no es solo estrés sino falta de humildad para reconocerte pequeño o pequeña ante Dios y ante las cosas. Pide entonces a Dios hacerte niño y dormirte en sus brazos.

DECIMONOVENA SEMANA. MIÉRCOLES

1. Cuando las cosas no se dicen a la cara, se dicen por detrás.

2. El modo de corregir: a solas.

3. Corregir salva almas.

1. No es la primera vez que aparece esta idea, si bien no está de más repetirlo: cuando en el seno de una comunidad humana no hay corrección fraterna, hay murmuración. No falla. Da igual: en la familia o en el trabajo, en la Iglesia o en el equipo de fútbol, entre amigos o conocidos... En todos estos ambientes, cuando las cosas no se dicen a la cara, tarde o temprano, se dicen por detrás. En tono de queja. Sin caridad.

Nuestra pereza para corregir se disculpa como la excusa de Caín a propósito de la salud de su hermano. Caín y Abel son hijos de Adán, y representan dos modelos contrapuestos. Abel es capaz de realizar su trabajo con delicadeza y ofrecerlo al Altísimo con prontitud, mientras que Caín es holgazán, y regala a Dios la chapuza de su pesadumbre. La envidia apolilla su alma. El tiempo hizo que en su corazón se diera cita también la ira; ¡tanto era el odio acumulado contra su hermano! Finalmente, Caín acaba trágicamente con la vida de Abel.

Una vez cometida la ofensa, el pecador huye. Dios sale a su encuentro, como antaño, como siempre. Pregunta por el paradero de Abel; Caín, herido por su propia vergüenza, responde airadamente: *¿soy yo el guardián de mi hermano?* (*Gn* 4, 1).

«Pues sí, Caín –podríamos responder– todos somos responsables de nuestros hermanos». No en un sentido de control, sino de caridad. Somos guardianes en el amor; somos los que no pueden ver con indiferencia que otros se pierdan a causa de sus faltas. Es cierto que a veces no es fácil decir las cosas, pero es peor callar.

«No descuides la práctica de la corrección fraterna, muestra clara de la virtud sobrenatural de la caridad. Cuesta; más cómodo es inhibirse; ¡más cómodo!, pero no es sobrenatural.

—Y de estas omisiones darás cuenta a Dios»[1].

2. El modo en que se ha de realizar la corrección fraterna viene detallado en el evangelio mismo. El Señor nos explica que el pecado ha de ser corregido *a solas*. Este primer detalle es importante. Corregir en público, a la vista de todos, es, en muchos casos, una humillación.

Por otra parte, es necesario preparar bien ese encuentro. Generalmente no sienta bien que te corrijan. Por eso hay que rezar por quien va a ser amonestado: dedicarle tiempo de nuestra oración, pedirle al Señor que sepamos explicarnos, y que el otro pueda entenderlo y enmendar su conducta, rogar a la Virgen que no

---

[1] *Forja*, 146.

se ofenda y rectifique... El modo de elevar al cielo esta petición puede ser múltiple: en el rato de meditación, en el rosario, como intención de la Misa... En cualquier caso, la corrección debe ir avalada de abundante oración, fiados en que es Dios quien cambia los corazones.

Después, Jesús apunta que si el infractor no hace caso, es oportuno acudir a otro o a otros dos. En efecto, resulta muy conveniente consultar las correcciones con personas que tengan más experiencia que nosotros: el confesor, una persona mayor, alguien que tenga autoridad... De este modo, no correremos el riesgo de corregir a otros a causa de manías personales o asuntos menores.

Todo este conjunto de advertencias –y las que siguen en el evangelio– nos hacen pensar que corregir fraternalmente no es tarea fácil. *Por tanto, si alguna vez eres corregido, no rechaces la corrección del Señor, ni te desanimes por su represión; porque el Señor reprende a los que ama y castiga a sus hijos preferidos. Soportáis la prueba para vuestra corrección, porque Dios os trata como a hijos, pues ¿qué padre no corrige a sus hijos?* (*Hb* 12, 5-7).

Y si en alguna ocasión te toca corregir, no olvides que todos somos un poco pastores de los demás; no mercenarios ni perros mudos. Gastamos nuestra vida por la santidad de los demás (cfr. *Jn* 10, 11-13). Queremos velar por ellos... porque les amamos.

3. Cuando el padre Israel consiguió que el joven no se lanzara por el puente todo el mundo lo consideró una proeza. La opinión pública se volcó con el asunto. La prensa escrita dedicó mucha tinta al poder de convicción del sacerdote y la televisión dio juego al video grabado por el móvil de uno de los testigos. El sacerdote había salvado una vida. Difícilmente habría podido llevar el resto de sus días la carga de no haberlo intentado. *Pero si el centinela que ve venir al enemigo no toca la trompeta y el pueblo no es puesto en alarma, llega el enemigo y se cobra algunas vidas, estos habrán perecido por su maldad, pero yo pediré cuenta de su sangre al centinela* (*Ez* 33, 6).

Esta evidencia respecto a la vida corporal es igualmente patente en relación al alma. Hay que hacer sonar la trompeta de la corrección cuando vislumbramos pecados e incluso defectos en el prójimo. ¿A quién le hará mal advertirle de que grita mucho, o habla mal, o es desagradable, o bien critica de continuo al prójimo? ¿No lo agradecerá con sinceridad, y se alegrará de conducir su alma por los caminos más altos?

Trata de vencer excusas tales como la pereza, el temor a contristar (cfr. *Hb* 12, 11-13), la falsa humildad, la comodidad o el abandono. Convéncete, más bien, de que la salud del alma es tanto o más importante que la del cuerpo. Entonces hallará fundamento tu corrección, y tu conducta será de sincera caridad.

DECIMONOVENA SEMANA. JUEVES

1. Esquizofrenia espiritual.
2. Conocer lo malo y luchar por lo bueno.
3. Un buen entrenador.

1. Cada día era una historia. Una mañana había asesinado a tres campesinos, por la tarde había robado la caja fuerte del bar y los fines de semana decía haberse bebido hasta la última gota de alcohol del pueblo. Lo peor es que se lo creía: Esteban –que así se llamaba– estaba absolutamente convencido de su culpabilidad en cada una de estas cosas y le costaba explicarse por qué no lo llevaban a la cárcel. Luego se le olvidaba y a otra cosa. Todos le conocían y no lo tomaban en consideración: es culpa –decían– de su enfermedad.

«Esquizofrenia» es una palabra que viene del griego y significa partir (escindir) la inteligencia. Califica a ese grupo de enfermedades mentales que disocian las funciones psíquicas y pueden conducir a una demencia incurable.

Esteban era así. Se inventaba historias en su cabeza que luego iba contando por ahí. Tenía una doble existencia: la vida sana, cuando era capaz de razonar con sencillez, pensar con normalidad y llevar a cabo valoraciones objetivas de la realidad; y la esquizofrénica, cuando su cabeza saltaba por los aires y todo se desfiguraba.

En la vida espiritual existe el riesgo de caer en la esquizofrenia de la conciencia, llamada doble vida. Existen casos extraordinarios, que aparecen en la prensa, de personas que por un lado parecían ejemplares e incluso un modelo de vida humana y cristiana, y al mismo tiempo sostenían otra vida subterránea llena de pecado, lejana a todo arrepentimiento. No se trata solo de que no cumplieran lo que aconsejaban a otros: eso es debilidad. No me refiero a eso: el asunto es que no se lo creían; se engañaban a sí mismos y engañaban a los demás.

A menor escala hay que reconocer que a nosotros nos puede suceder lo mismo. Poco a poco, como sin querer, nos hemos significado en medio de nuestros compañeros de estudio o de trabajo como cristianos que quieren ser ejemplares: tu modo de salir de marcha, la misma constitución de tu familia (numerosa), tu fidelidad a la Misa dominical... han hecho que los demás te consideren un cristiano y, quizás, un modelo a seguir.

Pero en el fondo de tu conciencia se acumulan pequeñas dobles vidas (insisto: no hablo de debilidad), motivos poco limpios y algo turbios para actuar, que hacen que secretamente sospeches sobre la verdad de tu propio camino. Algunos ejemplos: no te duele en absoluto el corazón cuando fallas a tu Dios en la oración; actúas mucho mejor cuando eres visto por los demás; envidias a los que son más valorados que tú o piensas que tu camino es demasiado exigente....

Así comienza a sembrarse la semillita de la doble vida. Poco a poco, si no le prestas atención, crecerá, y esa simiente de tristeza buscará frutos de compensación en una vida paralela, secreta, sensual, autocomplaciente. No serán grandes cosas sino pequeñas compensaciones que dejan el alma tibia. Piénsalo.

2. Un buen modo de conservar la unidad de vida es levantarnos siempre que hayamos caído. Ya puede el boxeador seguir peleando que, si su manager tira la toalla al centro del ring, el combate se detiene inmediatamente. Ha perdido. Dile a Jesús que no quieres tirar la toalla. Nunca. Luchar contra los defectos pone de relieve –por lo menos– dos aspectos que destacan tu humildad y combaten a muerte cualquier doble vida.

Por un lado, reconoces dónde está lo bueno y apuestas por ello. Confiesas tu debilidad y te apoyas nuevamente en la fuerza del Señor: «Jesús mío, quiero corresponder a tu Amor, pero soy flojo. —¡Con tu gracia, sabré!»[1].

Por otro, no toleras lo malo que hay en ti. De este modo, las conductas pecaminosas serán solo piedras en el buen camino, tropiezos o caídas, sí, pero que no te apartarán de tu proyecto de vida entregada, porque vuelves siempre a caminar.

«Padre, me has comentado: yo tengo muchas equivocaciones, muchos errores.

—Ya lo sé, te he respondido. Pero Dios Nuestro Señor, que también lo sabe y cuenta con eso, solo te pide la humildad de reconocerlo, y la lucha para rectificar, para servirle cada día mejor, con más vida interior, con una oración continua, con la piedad y con el empleo de los medios adecuados para santificar tu trabajo»[2].

---

[1] *Forja*, 383.

[2] *Forja*, 379.

3. «Fue mi padre, mi psicólogo, mi maestro, mi amigo y mi mentor». Quien habla es Billy Soose, campeón de boxeo de peso medio a principios de los años cuarenta. Se refiere a su entrenador, el mítico Ray Arcel, padre de veintidós campeones mundiales: un catedrático en la ciencia del boxeo.

Era un motivador nato que se ganaba en seguida el respeto de sus púgiles. Serio y disciplinado, entrenaba con tesón. Estudiaba detenidamente al rival y descubría cosas que para los demás pasaban desapercibidas. Luego, conforme a los detalles observados, elaboraba una estrategia: el joven atleta, si era dócil a las indicaciones de Arcel y las seguía con fina obediencia, obtenía casi siempre la victoria.

Hay mil anécdotas. En una ocasión descubrió que el rival, aun cuando golpeaba menos que su chico, era absolutamente insuperable en defensa. Empezar una batalla desde el minuto uno a puñetazo limpio no llevaría a ninguna parte porque era capaz de esquivarlos todos. Sería perder fuerzas. Consiguió que su pupilo se convenciera de que debía de aguantar diez asaltos simplemente cansando al enemigo. En el undécimo, con la guardia bajada, Arcel solo dijo una imperativa palabra: «cómetelo». Lo dejó K.O. en pocos segundos.

El entrenador es una figura esencial para apostar por la victoria, también en la vida espiritual. La figura del director espiritual es decisiva para asegurar la unidad de vida, porque es deber tuyo contarle sin vergüenza ninguna todas tus cosas. Refiriéndolas con tu sinceridad de corazón, él te dará buenos consejos para apostar siempre por lo mejor, sofocando cualquier brote de vida egoísta.

Busca un sacerdote o alguien que te pueda ayudar –al estilo Ray Arcel–: capaz de motivarte para la lucha, que tenga autoridad sobre ti y te lleve con disciplina. Obedécele absolutamente, y sé muy sincero. No tengas miedo a ponerte rojo delante de él: en la guerra, como en la guerra.

Busca personas capaces de leer más allá de lo que los hombres habitualmente ven; que sepa describir lo que te pasa y acudir a las causas profundas. De ese modo, toda sombra de doble vida desaparecerá y disfrutarás de la única vida del buen hijo de Dios.

DECIMONOVENA SEMANA. VIERNES

1. El matrimonio o creer en el amor para toda la vida.
2. Tres opciones. ¿Amor a prueba de fallos?
3. No desanimarnos.

1. Pelo hasta la cintura, tatuaje en el brazo, pendiente en la oreja derecha. Se llama Hugo. Camiseta de tirantes, pantalones pirata, un *piercing* en el labio y en la lengua; de nombre, Tamara. Ambos llamando a la puerta del despacho parroquial para preguntar cómo se puede bautizar al hijo que acaban de tener.

El encargado del despacho –Manolo, un jubilado encantador, padre de una familia numerosa y abuelo entrañable– les atendió con cariño, explicando las condiciones para el bautizo de la criatura. Les preguntó –hay que hacerlo– si estaban casados, encontrando un «no» rotundo (incluso orgulloso) por respuesta.

El buen hombre había ganado cierta confidencia con la pareja, que era, por otra parte, bastante simpática. Aprovechó para contarles su experiencia matrimonial: la belleza de querer a una mujer para toda la vida, de dárselo todo o, al menos, de querer dárselo todo, de cuidarla como la primera y la última, como la única.

Era evidente que quería mucho a su mujer, que aún vivía. Más de cuarenta y cinco años de convivencia no habían apagado su amor: «Seguimos juntos, y muchas veces no diciendo nada nos decimos todo. Para mí, el matrimonio no es la sepultura del amor. ¡Todo lo contrario! Es el comienzo».

Y un amor que sea, además, fecundo. Ver crecer a los hijos, las incertidumbres en la educación, lo pesado de la adolescencia, enfrentamientos, peleas, alegrías, ilusiones…, un continuo crecimiento.

Manolo comenzó a emocionarse. Miró a la joven pareja, con su bebé, y no pudo menos de decirles, con voz paterna: «¿Qué queréis para vuestro hijo? ¿Queréis que tenga unos padres de verdad toda la vida, o que pague vuestro egoísmo de no querer estar juntos? Además, ¿por qué no queréis casaros? –entonces miró a Hugo–: ¿acaso no la quieres para toda la vida? Nada me haría más daño que pensar que no quiero a mi mujer más que a ninguna otra cosa en este mundo. Ella lo es todo para mí».

Tamara miró a Hugo, como suplicando ella también un amor para toda la vida.

Porque contraer matrimonio no es cosa de papeleos, no es una decisión administrativa, como no es solo un evento social: es una vocación de amor que define la vida entera.

¿La quieres de verdad? ¿Crees en el amor para toda la vida?

2. Maravillosa plaza en el centro de Roma. Reformada hace siglos por Miguel Ángel, es sin duda uno de los rincones más bonitos de la Urbe.

Al pie del Campidoglio, porque así se llama el lugar, tres escaleras a la vista del turista. La primera, amplia y espaciosa, aunque empinada y dura, sube hasta la cota más alta, coronada por la bellísima iglesia de *santa Maria in Ara Coeli*. La segunda, más ancha y suave, llega al Ayuntamiento. Una tercera escalera surge a mano derecha del observador: es pequeña, estrecha y conduce a una raquítica explanada que no lleva a ninguna parte.

Este rincón de Roma refleja los tres modos en que los hombres y las mujeres pueden plantearse su convivencia: una escalera empinada pero preciosa que lleva a la Iglesia (al matrimonio), otra menos elevada que conduce a la solución civil y la última que no lleva, como decíamos, a ninguna parte, y que hace referencia a aquellos que decidieron pensar poco en el presente y nada en el futuro.

Las bodas por la Iglesia son siempre bonitas. No solo por el traje de la novia o la belleza del templo, sino por el mismo concepto de amor que Cristo le ha dejado en herencia. La Iglesia recuerda a los hombres que son capaces de amar para toda la vida: que las dificultades se pueden superar y los problemas son para hablarlos; que hay que pelear el amor; que merece mucho la pena darlo todo por la persona querida... Que el amor es un don inesperado, sí, pero que es al mismo tiempo una tarea entusiasmante para nuestra libertad.

Es bonito hacer del centro de la vida el amor a tu esposa o a tu marido, buscando la complementariedad que existe naturalmente entre una mujer y un hombre, y tratando de morir a uno mismo para que el cónyuge tenga vida de verdad. El amor matrimonial, además, da mucha satisfacción a los esposos, porque se perfeccionan mutuamente y descubren que su relación no solo es la suma de sus capacidades sino algo nuevo, más grande, que casi siempre se traduce en la fecundidad de los hijos.

Pídele a Dios que no te acostumbres a ver como normal que la gente se quiera «a modo de prueba de fallos», como el Windows. No pierdas nunca la convicción de que existe (y existe de verdad) el amor para toda la vida.

3. La reacción de los discípulos cuando Cristo les explicó el matrimonio –lo vemos en el evangelio de hoy– no pudo ser más demoledora. Si el matrimonio es uno con una para siempre, y no nos podemos divorciar nunca, entonces *no trae cuenta casarse* (*Mt* 19, 10) ¡Y son los apóstoles sobre los que se funda la Iglesia! Los íntimos de Jesús dicen que es inútil desposar a una mujer; porque en el fondo desconfían de que se pueda ser fiel. Con esos mimbres empezó Cristo… ¡vaya paciencia!

Pero Jesús no se desanimó, sino que empleó toda su vida en explicar a los discípulos la profundidad del amor –¡la caridad!– y del corazón humano, que es imagen de Dios. Su tarea consistió en abrir horizontes insospechados de amor a los ojos de sus discípulos, para que comprendieran lo mucho que somos capaces de querer. Le costó trabajo, y puso al servicio de esta enseñanza su palabra y sus milagros, su doctrina y su vida entera, hasta su entrega sacrificial en la cruz, muestra palpable de lo que significa querer hasta el final.

Hoy Jesucristo está dispuesto a hacerlo de nuevo a través de nosotros. Sacerdotes y laicos, célibes y casados, debemos ser testigos de un amor más grande que sí que trae cuenta, que vale mucho la pena y que llena de verdad y de paz las almas de las mujeres y de los hombres, también los de nuestro tiempo.

Tamara y Hugo se casaron, claro… y quedaron con Manolo y su mujer: «¡Menuda aventura, viejo! Creo que no he hecho nada mejor en mi vida».

DECIMONOVENA SEMANA. SÁBADO

1. Vámonos: aquí falta ignorancia.
2. Una mirada inocente.
3. Si somos niños dedicados, cero preocupación
si las cosas no salen bien.

1. Aunque estaba abarrotado, los tres visitantes consiguieron entrar. Gracias a Dios, un grupito se alejó de la barra, liberando cierto espacio que les permitiera ingerir con gusto una cervecita a mediodía. Allí hablaba todo el mundo a gritos, como es costumbre en determinadas geografías de la piel de toro.

Los temas de conversación eran de lo más variopinto: desde la selección nacional de fútbol hasta la prima de riesgo, pasando por los fondos de interés o la situación económica de la eurozona. El apartado de sociedad tampoco quedaba intacto, y allí todo el mundo hablaba, con mucha propiedad, de lo que debía de hacer tal duquesa o cuál había de ser la conducta de tal o cuál familia real. Lo más llamativo es que todos sabían de todo: quien no aportaba una cosa decía otra, y así entre unos y otros se formulaban grandes principios, se reía o discutía a voces.

Tales eran los gritos que estos tres amigos no encontraban oportunidad de hablar entre sí, cuando al fin, después de un rato de aturdimiento por tamaña verborrea, uno exclamó con cierto desasosiego: «Paga y vámonos de aquí, porque en este lugar falta ignorancia».

¡Falta ignorancia! Pensamos que sabemos mucho… pero en realidad conocemos muy poco. Es verdad: hay tanta información en la red y en diversos medios que enseguida creemos que sabemos algo, cuando no tenemos ni idea de nada.

Jesús halaga, en el evangelio de hoy, a los pequeños, a los niños. Ellos, ignorantes e ingenuos, son los que pueden acercarse a Dios, y no los sabelotodo, orgullosos y arrogantes.

Comenzamos nuestra oración con deseos de iniciar un camino de infancia espiritual: hacernos niños delante de Dios, que nada saben, que se equivocan con frecuencia, que yerran siempre. Niños pequeños que lo esperan todo de su Padre Dios, bondadoso y providente, y a quien confiamos en este momento de intimidad todos nuestros deseos y dificultades.

2. Llegar a ser niño no significa convertirse en niñoide. El Espíritu Santo es testigo de tu oración: pídele, como primera medida, una mirada inocente pero no idiota. Los niños son capaces de mirar sin malicia: sus ojos aún no se han torcido por la sensualidad o la envidia. Una mirada transparente capaz de entusiasmarse con las cosas más sencillas. Para un pequeño, montar en bicicleta, ver pasar un avión o tomar el metro pueden ser momentos apasionantes. ¿Por qué nos empeñamos en acostumbrarnos? Nos creemos maduros, adultos, incapaces de asombrarnos de nada, ni bueno ni malo. Así, la vida pierde buena parte de su encanto.

Se trata de generar una mirada nueva capaz de ver con espíritu de agradecimiento todas las cosas: porque el metro podría no funcionar, el avión caerse o pincharse la bicicleta. Y no, no sucede nada de eso. Cada cosa, por pequeña que sea, puede ser ocasión de disfrute si la vivimos en clave de agradecimiento, como un niño muy pequeño: «¡Gracias por todo, Dios mío!».

Ser niño y no niñoide significa también tener deseos de cosas grandes haciéndonos pequeños: crecer como niños, que no dejan de alimentarse, y cuyos miembros crecen naturalmente al ritmo de la vida; amar como niños, capaces de ser cariñosos de verdad y de darnos sin esperar nada a cambio; abandonarnos como niños, conscientes de nuestra debilidad y sabedores de nuestra ignorancia; y rezar como niños, con esa confianza infinita que tienen los pequeños delante de Dios.

3. El niño, habitualmente, hace lo que le mandan: tiene sus estudios, realiza sus deberes, recibe algún encargo en casa… y juega. Esa es la vida del pequeño.

Así nosotros debemos también estar en lo que se nos manda: estudiar o trabajar, cuidar de nuestros amigos y de nuestra familia, cumplir nuestras obligaciones como cristianos y como ciudadanos, aprovechar estos días de ocio para descansar…

Los niños ponen su esfuerzo y hacen lo que pueden: muchas veces las cosas no resultan como deberían, pero el chico sale reforzado porque su madre sabrá mostrarle con delicadeza que lo importante no es tanto el resultado final, como el amor y el esfuerzo en el trabajo realizado.

Sería muy bueno que pidiéramos a Dios para el futuro –el futuro inminente del curso que empezará en breve– esta misma tranquilidad de conciencia. Se trata de hacer todas nuestras cosas con la máxima sinceridad de corazón, con la mayor dedicación posible, poniendo todo el empeño que esté en nuestras manos, y descansar si las cosas no salen todo lo bien que deseamos. Ya se encargará tu Padre Dios de darte ese éxito o esa virtud cuando sea conveniente. Sé niño: sigue trabajando. Él sabe más.

¡Qué importante es esta preocupación «cero» cuando las cosas no salen! La gente se agobia: por el activismo, por el perfeccionismo, por el deseo de quedar bien. Los hijos de Dios no tenemos miedo a que se pongan al descubierto nuestras debilidades: quitándonos toda careta en la familia, siendo sinceros del todo en la dirección espiritual, teniendo gestos auténticamente infantiles con Dios en nuestra piedad, tales como saludos desde lo íntimo del corazón y gestos entrañablemente cariñosos. ¿Cuándo es la última vez que le has dado un beso a una imagen de la Virgen?, ¿o a los pies de un crucifijo? ¿Acudes cada día muchas veces a tu ángel custodio?

Si no tenemos vergüenza en reconocernos débiles y acudir a Jesús, seremos como uno de esos niños que se le acercaban cuando andaba por Galilea. Nada nos lo impedirá… y descubriremos lo bien que se está cerca de Él.

VIGÉSIMO DOMINGO. CICLO A

1. Una mujer que ama y que cree. Insistir e insistir.
2. De la insistencia a la perseverancia.
3. Nuestra fe y nuestra oración: arrodilladas.

1. La insistencia ejemplar de la protagonista del evangelio de hoy es calor y luz que dan vida a nuestra fe. Independientemente de que nos encontremos enfriados por el ambiente o caldeados por una vida interior intensa; la mujer cananea representa el amor y la fe: amor por su hija; la fe en Jesús.

Por más que deseemos atemperarlo, Jesús trató a la mujer con palabras duras. Atento a la secuencia. Primero no le responde. Solo después de la intercesión de los apóstoles decide hacerlo, y muy secamente. Finalmente, cuando ella se califica a sí misma como los perritos que *comen las migajas que caen de la mesa de los amos* (*Mt* 15, 27), entonces, solo entonces, Jesús accede a la recompensa de su insistente petición; cura a su hija y alaba su perseverancia: *Mujer, qué grande es tu fe* (*Mt* 15, 28).

Es vibrante la palabra de Dios. Mucho. Muchísimo. Un diálogo lleno de fe y de amor, de tensión y decepción, también de éxito y de vida. Ciertamente, su palabra es palabra de luz y consuelo.

Contemplemos pues la insistencia de la mujer creyente. Cómo empeña sus fuerzas y su tiempo en obtener de Jesús lo que desea. Toda madre comprenderá perfectamente a tan evangélico ejemplo; porque esa disposición para dar a los hijos todo cuanto les es oportuno para su salud y salvación les es connatural. Por eso, es especialmente diabólico ver cómo tantos y tantas claman por el aborto como derecho, sin ser conscientes –o siéndolo– de que no hay atrocidad mayor: la corrupción hasta la muerte de la relación madre-hijo.

El hombre de fe, la mujer de fe, ha de ser necesariamente insistente. Abraham insistió en su propósito. Moisés también. Ambos hallaron dificultades. ¿Y? Por eso mismo son prototipos de una creencia acabada. Porque insistieron en su súplica. Mucho más tarde, santa Isabel, y especialmente la Virgen María. Insistían e insistían en sus peticiones. No abandonaban los propósitos. Volvían una y otra vez al Señor, demostrando con obras que todo está en sus divinas manos.

También nosotros debemos insistir; y no hay mejor manera que dar prioridad a las cosas de Dios. Así manifestamos y alimentamos nuestra fe. ¿Dejamos la oración a la primera de cambio? ¿Es la participación en la Misa demasiado infrecuente y, en cualquier caso, poco atenta? ¿Está la Virgen cerca de nosotros, mediante el rezo del rosario, antes de dormir, o a través de pequeñas jaculatorias?

2. Junto a la insistencia, la perseverancia. En el fondo, se parecen, aunque presentan un matiz distinto. Un equipo de futbol puede insistir una y otra vez contra la portería contraria, pero a eso no lo llamaríamos perseverancia.

Cuando decimos perseverancia nos referimos al significado del diccionario de la Real Academia de la lengua española, cuando afirma que tener perseverancia es tener constancia en la virtud y en mantener la gracia hasta la muerte.

Joseph Fadelle pertenecía a una de las familias más acomodadas de la Bagdad de Sadam Husseim[1]. Era el primogénito, preferido de su padre y heredero del importante clan. Durante su estancia en el servicio militar, pasó largas horas en compañía de un campesino cristiano. Sus extensas conversaciones acabaron quebrando esa convención social que impide hablar de religión. Compartieron sus creencias, y Joseph abrazó, interiormente, el cristianismo. El buen campesino acabó su servicio militar y desapareció abruptamente de la vida del converso, dejándole en prenda tan solo una biblia.

Años más tarde, ese libro bastó para que Joseph acabara en la cárcel cerca de un año, sufriendo durante jornadas enteras torturas continuas a través de golpes, puñetazos y descargas eléctricas. Sus hermanos, al sospechar que seguía a Cristo y frecuentaba eventualmente iglesias cristianas, entraron a registrar su casa durante una de sus ausencias. Hallaron el libro sagrado y lo entregaron a su primo, miembro del servicio secreto iraquí, que lo encerró en una cárcel de presos políticos.

Joseph se mantuvo perseverante hasta que por fin se obró su liberación. No denunció a nadie. En él se cumplió la profecía, nuevamente también, del siervo su-

---

[1] Cfr. J. FADELLE, *El precio a pagar*.

friente. Su delito: poseer una biblia que manifestaba su interior conversión a Cristo. Era traidor del pueblo iraquí y de una de las familias más renombradas. Infamia. Blasfemia.

Ser católico es sinónimo de perseverar. A nosotros no se nos presenta la cárcel o la persecución abierta, pero sí la incomprensión en la universidad, el trabajo o el colegio. Es posible que también nosotros estemos encarcelados por los barrotes del activismo, y seamos incapaces de cumplir nuestros propósitos de oración.

Joseph se retiraba a un hueco cercano a la letrina para orar. Era el único lugar durante su prisión donde podía encontrar soledad, a pesar de la podredumbre y pestilencia del cubículo. Pero valía la pena, porque solo ahí podía no ser denunciado por rezar; porque solo ahí había un mínimo de intimidad.

¿Y nosotros? ¿Cómo alimentamos nuestros deseos de perseverancia?

3. Finalmente, humildad. Muchas veces, nuestra fe y nuestra oración se debilitan porque estamos convencidos de que Dios está ausente y no nos escucha. Fíjate en la mujer siro-fenicia; tuvo exactamente la misma sensación... pero en absoluto tomó las mismas medidas de abandonar su compromiso. Su deseo era grande y su confianza, fuerte.

«Imaginamos que el Señor, además, no nos escucha, que andamos engañados, que solo se oye el monólogo de nuestra voz. Como sin apoyo sobre la tierra y abandonados del cielo, nos encontramos (...). Con la tozudez de la Cananea, nos postramos rendidamente como ella, que le adoró, implorando: *Señor, socórreme*. Desaparecerá la oscuridad, superada por la luz del Amor»[2].

Orar de rodillas, vivir de rodillas: una muestra de la humildad de la fe y de la plegaria. Una muestra, igualmente, de intimidad con Dios.

Fue un elemento determinante de su vocación. Hoy es cardenal de la Iglesia católica. Lo cuenta él mismo, si bien no sabría decirte dónde lo leí o lo escuché. Cuando su padre llegaba a casa después del trabajo del campo, exhausto, rezaba el rosario con toda la familia en la cocina. Allí se cocía la pasta fresca, hecha por la madre durante el día, arte de toda familia italiana. Mientras la madre batía los huevos y preparaba todo lo oportuno, los niños se agolpaban en la mesa y se sorprendían al ver a su padre, cansado, de rodillas junto al fuego. La madre en los pucheros, como diría santa Teresa, y el padre en adoración. Todos rezaban el rosario.

Así el pequeño Angelo comprendió que Dios es más fuerte incluso que su padre, y más tierno incluso que su madre. Así es la fe humilde. Y así debe ser nuestra fe y nuestra oración: arrodillada.

---

[2] *Amigos de Dios*, n. 304.

VIGÉSIMO DOMINGO. CICLO B

1. ¿Cómo puede darnos a comer su carne?
2. Tomar en serio que la Eucaristía es el sacrificio de Cristo.
3. Hacer «tu misa».

1. Jesús continúa su discurso sobre el pan de vida, que venimos leyendo desde hace ya un par de domingos en el evangelio de la Misa. Sus palabras van levantando progresivamente los ánimos de los judíos, cada vez más desconcertados por ellas. Hoy la cosa parece llegar ya al colmo de lo que pueden soportar. Porque el Señor ha avanzado todavía más en el desarrollo de su discurso y, si hasta el momento sus palabras identificando el pan de vida bajado del cielo con Él mismo podían interpretarse de manera metafórica –lo cual las hacía, de todos modos, muy difíciles para los oyentes del Señor–, sin embargo, con la lectura del evangelio de hoy eso ya no es posible. El Señor identifica el pan vivo, el pan que han de comer para tener vida siempre, con su carne. Y claro esto supera con creces la capacidad de aguante de los judíos, hasta el punto de que, como nos refiere hoy san Juan: *Disputaban los judíos entre sí: «¿Cómo puede este darnos a comer su carne?»* (*Jn* 6, 52).

La insistencia de Jesús –no pierdas de vista la reiteración de las expresiones comer su carne y beber su sangre en tan corto espacio de tiempo– hace desde luego imposible escaparse por la vía de la metáfora y la figuración. La pregunta por tanto que se hacen los judíos es del todo pertinente. ¿Cómo nos da a comer su carne? Desde luego, lo primero es disponer de esa carne. Para poder comerla, primero ha de ser entregada. Precisamente es en la cruz donde Cristo se ofrece al Padre, todo su ser; y se ofrece por nosotros y para nosotros. Cristo es sacrificado en el altar de la cruz como cordero que quita el pecado del mundo y que alimenta con su carne a los fieles para que tengan vida verdadera. Por eso la Eucaristía mira siempre al calvario, porque es el memorial de este sacrificio, su actualización para que se puedan cumplir para ti –para todos– las palabras de Jesús que hoy has escuchado.

2. Pienso que si fuéramos conscientes de verdad de lo que sucede en la Misa, del misterio tan grande que acontece y que nos lleva al pie de la cruz, junto a María, Juan y las santas mujeres, nos comportaríamos de otra manera cuando la celebramos. ¡Ojalá cada día seamos un poco más conscientes! Porque la Misa es verdaderamente el único y verdadero sacrificio de la cruz. Atiende bien y medita las palabras del catecismo sobre este punto, tomadas en su mayor parte de lo que estableció el Concilio de Trento: «El sacrificio de Cristo y el sacrificio de la Eucaristía son, pues, *un único sacrificio*: La víctima es una y la misma. El mismo el que se ofrece ahora por el ministerio de los sacerdotes, el que se ofreció a sí mismo en la cruz, y solo es diferente el modo de ofrecer. En este divino sacrificio que se realiza en la Misa, se contiene e inmola incruentamente el mismo Cristo que en el altar de la cruz se ofreció a sí mismo una vez de modo cruento»[1].

Claro, que si la Misa es esto que decimos, ¿caben ciertas músicas que a veces se escuchan en su celebración? ¿Es lógico introducir en ella ritos o signos, o como quieran llamarse, para que intervengan y hagan cosas los que en ella participan? O piensa también si se puede hablar en los términos que a veces se escuchan, como por ejemplo, si tal misa con tal sacerdote es más divertida, ¿es que la Misa puede ser divertida? Pregúntatelo de otra manera, dado que la Misa y el sacrificio en la cruz son un único sacrificio, ¿puede ser divertida?

Piensa todo esto delante del Señor y mira si no se ha introducido en muchos de los discípulos de Jesús –y tú y yo no somos inmunes a nada– una visión de la Eucaristía que ha desenfocado su esencia más original: ser memorial del sacrificio de Cristo en la cruz para que podamos recibir los frutos de este en el presente. Toma en serio esta verdad fundamental sobre este sacramento y piensa en cómo te acercas a él.

3. La Misa es el sacrificio de Cristo, desde luego, pero no es un acontecimiento aislado, ni algo semejante a una obra de arte que reclama ser contemplada. Porque, de nuevo tomando palabras del catecismo: «La Eucaristía es igualmente el sacrificio de la Iglesia. La Iglesia, que es el Cuerpo de Cristo, participa en la ofrenda de su Cabeza. Con Él, ella se ofrece totalmente. Se une a su intercesión ante el Padre por todos los hombres. En la

---

[1] CEC, 1367.

Eucaristía, el sacrificio de Cristo se hace también el sacrificio de los miembros de su Cuerpo. La vida de los fieles, su alabanza, su sufrimiento, su oración y su trabajo se unen a los de Cristo y a su total ofrenda, y adquieren así un valor nuevo. El sacrificio de Cristo presente sobre el altar da a todas las generaciones de cristianos la posibilidad de unirse a su ofrenda»[2].

La Misa, la Eucaristía, has de convertirlas en tu misa, en tu Eucaristía. Lo haces cuando te unes a la entrega de Cristo con todas tus pequeñas, y no tan pequeñas, ofrendas de cada día: tu estudio, tu trabajo, tus relaciones familiares y sociales... Cuando unes tus sacrificios al del Señor y se los presentas con alegrías, y unes así tu alabanza y acción de gracias a la que Jesús hace al Padre. Únete al sacrificio en la cruz y busca participar cada día en la Misa con más fruto, haciéndola tuya, haciéndote suyo.

---

[2] *Ibid.*, 1368.

VIGÉSIMO DOMINGO. CICLO C

1. De la angustia por la salvación a la serenidad en el amor.
2. El sosiego del cristianismo burgués... yo no lo quiero
3. El fuego que Cristo trae es amar ahora y sin medida.

1. Era hijo del señor de Boisy y en razón de su noble categoría recibió una esmerada educación. Francisco de Sales estudió en la Universidad de Padua, doctorándose brillantemente en ambos derechos, canónico y civil. Estudió cuidadosamente la teología. Sin embargo, la incertidumbre acerca de lo esencial cercó su ánimo y el desasosiego tomó domicilio en su alma. Así es como sucedió:

«En su armoniosa juventud, reflexionando sobre el pensamiento de san Agustín y de santo Tomás de Aquino, tuvo una profunda crisis que lo indujo a interrogarse sobre su salvación eterna y sobre la predestinación de Dios con respecto a sí mismo, sufriendo como verdadero drama espiritual las principales cuestiones teológicas de su tiempo»[1]. Hoy en día se habla de fút-

---

[1] Benedicto XVI, *Audiencia general* (2-3-2011).

bol, de moda o de viajar; entonces no era extraño el debate religioso. En concreto, se extendía la idea de que la salvación del alma estaba predeterminada por Dios, hasta tal punto que el actuar humano importaba bien poco. Había teorías para intentar reconocer quién sería salvado y quién condenado; aunque lo cierto es que el sentimiento religioso se veía dominado con frecuencia por la angustiosa sensación de una inflexible y prefijada condenación.

«Oraba intensamente, pero la duda lo atormentó de tal manera que durante varias semanas casi no logró comer ni dormir bien. En el culmen de la prueba, fue a la iglesia de los dominicos en París y, abriendo su corazón, rezó de esta manera: "Cualquier cosa que suceda, Señor, tú que tienes todo en tu mano, y cuyos caminos son justicia y verdad; cualquier cosa que tú hayas decidido para mí...; tú que eres siempre juez justo y Padre misericordioso, yo te amaré, Señor (...), te amaré aquí, oh Dios mío, y esperaré siempre en tu misericordia, y repetiré siempre tu alabanza... ¡Oh Señor Jesús, Tú serás siempre mi esperanza y mi salvación en la tierra de los vivos!" (I Proc. Canon., vol. I, art. 4). A sus veinte años Francisco encontró la paz en la realidad radical y liberadora del amor de Dios: "amarlo sin pedir nada a cambio y confiar en el amor divino; no preguntar más qué hará Dios conmigo: yo sencillamente lo amo, independientemente de lo que me dé o no me dé"»[2].

Este es el fuego que Cristo ha venido a traer a la tierra y del cual nos habla el evangelio. Este es el calor con

_____

[2] *Ibid.*

que Dios desea abrazar la creación entera. La efusión de amor que Jesucristo predicó, prendió en el corazón de san Francisco de Sales (y de tantos otros), invadiéndolo de una fecunda despreocupación; fecunda, porque sus frutos siguen siendo aún hoy abundantes; despreocupación, porque puso fin a sus zozobras de juventud.

Pongámonos también nosotros al abrigo del amor de Cristo Jesús.

2. *He venido a prender fuego a la tierra, ¡y cuánto deseo que ya esté ardiendo!* (*Lc* 12, 49). Atendiendo a las palabras del Salvador, bien podemos preguntarnos si nos inflamamos en su amor, o más bien nos entibiamos en nuestra comodidad. ¿Ardes? ¿Arde tu alma con el fuego de Cristo?

A continuación, Jesús advierte con palabras duras del peligro de una paz que no es sino fruto del pecado. *¿Pensáis que he venido a traer paz a la tierra? No, sino división* (*Lc* 12, 51).

En efecto, el sosiego del cristiano burgués no es amigo del fuego de Cristo. ¿A qué me refiero? Quizá lo sepas bien. Pienso en esa religión de generosidad tasada, de chiringuito montado a la medida del consumidor, de la conciencia cómoda que está muy segura de que nada malo hace, e incluso considera que obra cosas buenas, sin examinarse sobre la entrega de sí mismo.

Pienso en la paz ficticia del corazón formado, que en el fondo dice no, aun cuando en apariencia diga sí. Hay prácticas de piedad, hay solidaridad, hay honradez y virtudes humanas, pero falta calor, falta fuego, falta ardor, falta pasión: falta –en ocasiones, solo en ocasiones– Cristo.

3. *Con un bautismo tengo que ser bautizado, ¡y qué angustia sufro hasta que se cumpla!* (*Lc* 12, 50) ¿Qué angustia es esa? El deseo de entregar la vida del todo ya. ¿A qué se refiere? A su bautismo, de fuego y de sangre, de pasión y de muerte. Ese fue su paso, ese fue su bautismo. ¿Y el tuyo?, ¿y el mío?

Desea hoy más que nunca ser combustible en la entraña del mundo. ¡Calorías para una sociedad anoréxica! Hombres y mujeres en absoluto indiferentes al naufragio del ateísmo y la superficialidad.

Que no. Que no basta una existencia cómoda. Aquí se está hablando del amor ya; sin tasa ni medida. Amor con el pobre, que es otro Cristo, testimonio de la ternura de Dios. Amor con el prójimo, hasta el olvido de sí. Y a la vez, amarse a uno mismo, sin condenas ni reproches, con enmienda y con esfuerzo. Gracia. Porque –métetelo bien en la cabeza–, no es cuestión de hacer más cosas, sino de poner mayor dedicación y rectitud en cada una de ellas.

Desde ahora, y nuevamente al escucharlo se estremecen los corazones, *estarán divididos cinco en una casa: tres contra dos y dos contra tres; estarán divididos el padre contra el hijo y el hijo contra el padre, la madre contra la hija y la hija contra la madre, la suegra contra su nuera y la nuera contra la suegra* (*Lc* 12, 52-53).

Amar. Amar siempre. Aunque cueste.

VIGÉSIMA SEMANA. LUNES

1. Cumplir por amor.
2. Distraerse es apegarse.
3. Personas de vuelo majestuoso.

1. Lo nombraron capellán de la Facultad de Filosofía, con mucho una de las más agresivas de la universidad estatal. La práctica religiosa del alumnado era, siendo generosos, del 5%. El número de bautizados era casi idéntico al de no creyentes o practicantes de otras religiones: el ambiente, por así decir, no era el más propicio.

Sin embargo, el sacerdote era joven y lleno de energía, e inventó una iniciativa que acabó atrayendo a la práctica totalidad de los alumnos. Un día a la semana celebraba una Misa muy especial: un funeral por un filósofo. Para que lo conociera todo el mundo, ponía carteles por las aulas: «Próximo viernes, Misa por el eterno descanso de Karl Marx», por ejemplo.

En la homilía, hablaba del filósofo difunto: de su vida y de su filosofía, de los aspectos más positivos y de aquellos otros conflictivos. Por allí pasaron Descartes, Hume, Hegel, Nietzsche y Unamuno, entre otros. En la capilla acabaron por darse cita casi todos los estudiantes de la universidad, atraídos por una idea original y por la excelente predicación.

En una de esas ocasiones se oró por el alma de Emmanuel Kant. Sinceramente, desconozco si será verdad, pero se dice que su conducta fue absolutamente intachable: nació a pocos kilómetros de la costa y jamás conoció el mar (¡como si eso fuera virtuoso!); se dedicó exclusivamente a trabajar y rindió como mil; estricto en el cumplimiento del deber, escrupuloso en cada una de las tareas que acometía... y con todo, tengo serias dudas de que solo con esto fuera feliz. La verdad de la vida humana no se logra cumpliendo, sino amando.

Todo eso lo he cumplido. ¿Qué me falta? (*Mt* 19, 20). Jesús se encuentra con un joven que era un cumplidor de corazón inquieto, un buen chico que sabía ser fiel a sus compromisos y cumplir con su deber. Una cosa muy buena, qué duda cabe. A la vez, sabía que algo le faltaba y por eso acude a Jesús: el joven rico era consciente de que no basta ejecutar lo bueno, sino que hay que amar con corazón grande. «Tenía deseos de cosas mayores».

Vende tus bienes, da el dinero a los pobres –así tendrás un tesoro en el cielo– y luego ven y sígueme (*Mt* 19, 21). La respuesta de Cristo mueve nuestra oración y suplicamos al Señor la fidelidad inquebrantable de hacer todo lo que le agrada, y le pedimos fuerza para vender también nosotros todo lo que sea necesario para amar de verdad, porque la satisfacción plena de la vida humana no se logra cumpliendo, sino amando.

2. El joven rico, finalmente, no siguió a Jesús, porque para imitar a Jesucristo es necesario que el corazón esté libre de todo apegamiento. Las riquezas lo tenían esclavizado, de modo que no fue libre para estar con el Maestro, ¿qué nos retiene a nosotros, a ti y a mí?

Para vivir en gracia de Dios, para estar cerca de Jesús, para conservar el amor en la familia y perseverar en la educación de los hijos, para ser delicado con tu novia o vivir con finura la relación con tu novio, para ser limpios en nuestras relaciones –¡para todo!– es absolutamente necesario habitar en una constante vigilancia de amor. Distraerse es apegarse.

Esta atención debe hacerse especialmente sensible con aquello que puede robarnos el corazón. No es necesario que sean cosas grandes: un modo de vestir, ropa de marca, el tipo (ahora que estamos en verano), el pelo o un coche pueden encadenarnos con facilidad. Lo notaremos cuando este conjunto de cosas nos genere una preocupación excesiva o un agobio injustificado. Ese día podrás decir que te has apegado, y que, como el joven rico, te cuesta no dar la espalda a Jesús.

También podemos sentirnos apegados a bienes no materiales como, por ejemplo, el tiempo. Mi tiempo es para mí, y agobia pensar que otros puedan requerir de nuestra ayuda. Solo dedicarás un segundo a aquellos de los que puedes sacar algo: así de egoístas somos en ocasiones, ¿no es verdad? La falta de generosidad con nuestro tiempo es una gruesa cadena que impide una verdadera libertad para el amor.

También la excesiva vinculación a una persona puede alejarnos de Dios. Es bueno saberlo. Por encima de Dios no puede estar nadie, y si abandonas todas tus cosas e incluso a ti mismo al criterio y al amor de una sola persona que no sea Dios, puede ser que un día te sientas un poco solo o abandonado, ya porque se haya ido, ya porque te hayas dado cuenta de que la confianza total y absoluta se pone exclusivamente en el Señor.

3. ¡Ciento ochenta kilómetros por hora! Parece mentira: esa es la velocidad que el halcón peregrino es capaz de alcanzar cuando cae en picado para dar caza a su presa desde lo alto del cielo. Solo una cosa puede hacer que no logre su objetivo: que algo lo distraiga en su caída de modo que, si eventualmente pone la vista en otra pieza, al final se queda sin ninguna.

Desea tú también una determinación semejante.

Aprovecha este rato de oración para mirar en el fondo de tu corazón y examinar tus afectos y deseos: qué te inquieta, qué te ilusiona, qué te entristece o te llena de emoción. Llena de ternura este tu tiempo de plegaria, hasta hacerlo rebosar de amor. Sí. Piensa, quiere y desea determinarte en el camino de la verdad; renuncia y sacrificio por un amor más grande: caridad.

Pídele al Espíritu Santo, que es el interior instructor del alma, la fuerza para poner en orden todo lo que puebla lo más íntimo de tu conciencia y poder así tomar decisiones y desterrar de tu vida tantas cosas que no sirven sino para esclavizarte: piensa si la publicidad no te genera un montón de dependencias; y quizás podrías prescindir del deseo de tantas cosas superfluas. ¿Tienes solo lo que necesitas?

Renuncia con valentía a todo aquello que no sirva para unirte más a Dios no sea que, dos mil años después, otro joven se marche triste de su encuentro con Él.

VIGÉSIMA SEMANA. MARTES

1. Una fe inconmovible en la persecución.
2. ¿Podré volver a usar mi bicicleta?
3. Pero Dios lo puede todo.

1. El paquete llegó celosamente envuelto. En este sentido no había nada de extraordinario ya que, obviamente, todo lo que llega a las oficinas vaticanas con destino al santo Padre suele estar empaquetado con el mayor esmero. Lo particular de aquella entrega era que el papel que lo cubría era muy pobre, paupérrimo, de color marrón, duro, como de embalar; y, además, sin remite. Todo un misterio.

La gendarmería vaticana lo examinó con cuidado y se descartó que fuera un artefacto contra el papa. Pasó uno por uno todos los controles de seguridad hasta que llegó a la mesa de san Juan Pablo II, que lo abrió con curiosidad. Se trataba de un cubito de ámbar de tamaño algo mayor que un dado grande, dentro del cual había un mosquito con las alas desplegadas. Al pie, una inscripción escrita en chino, que afirmaba en letras minúsculas: «como este mosquito ha permanecido intacto durante siglos, así la fe de los pobres permanece inconmovible gracias a tu testimonio».

Juan Pablo II quiso tener ese dado de ámbar encima de su mesa durante mucho tiempo: era el recordatorio de una gran parte de los pobres de todo el mundo que sufren a causa de su fe.

En verdad os digo que difícilmente entrará un rico en el reino de los cielos (*Mt* 19, 23); los cristianos perseguidos, estos que lloran y sufren, pasan hambre y sed, son los pobres que Jesús alaba en el evangelio: de ellos es el cielo. Dicho de otra manera: el cielo es de los pobres; de los que entendieron que su mayor riqueza es su fe y que por conservarla vale la pena invertir todos los esfuerzos.

A lo mejor no hace falta irse a China: en tu pueblo, en tu ciudad, o en tu entorno experimentas un clima silencioso pero creciente de persecución. La inmoralidad en el mundo laboral, los modos nefastos de divertirse, la concepción de la vida o la visión del amor pueden llegar a hacerte pensar que es insostenible ser cristiano, que la persecución es demasiado fuerte.

Recuerda entonces que la fe de los pobres –la tuya– permanece inconmovible por el testimonio de tantos cristianos que, como tú, luchan cada día por ser muy fieles. Ser hijo de la Iglesia da la consoladora experiencia de conocer muy de cerca que, en ningún caso, luchamos solos.

2. No sabemos si esta historia acaeció en la misma comunidad cristiana que envió aquella pieza de ámbar al santo Padre. Supongamos que sí.

Cincuenta y cinco años llevaba el sacerdote chino sirviendo al Señor. Su insustituible instrumento era una vieja bicicleta. Con ella iba de pueblo en pueblo celebrando la Misa, a veces a vista de todo el mundo, a veces de modo clandestino.

A la edad de ochenta años una mala caída le fracturó el fémur y hubo de estar reposando en casa durante varias semanas e incluso meses. Después de una lenta y dolorosa recuperación, recibió por fin una buena noticia del médico: «está usted mucho mejor».

«Entonces –intervino el anciano presbítero– ¿podré volver a usar mi bicicleta? ¡Tantos hermanos se quedan sin recibir al Señor!».

¿Cuándo podré volver a darlo todo por Dios? Esa era la pregunta del anciano oriental. ¿Cuándo podré volver a llevar la esperanza a los corazones de mis hermanos chinos? ¿Cuándo podré volver a gritar a los corazones solitarios que Dios les quiere? ¿Cuándo –¡cuándo!– podré volver a ser luz y sal, ¡gracia de Dios!, palabra de perdón, de amor y de amigo para tantos que hoy esperan en vano? ¿Cuándo volveré a decir «yo te absuelvo de tus pecados, en el nombre del Padre, y del Hijo, y del Espíritu Santo»?

Entonces es cuando yo te pregunto, ¿cuándo tendrás estos mismos deseos de entrega y de servicio? Porque recuerda: *Os lo aseguro, el que deja por mí casa, hermanos o hermanas* (quien se hace pobre ofreciéndolo todo) *recibirá cien veces más* (*Mt* 17, 27-29).

Jesús –decimos en nuestra oración–, la recompensa por seguirte es tu misma amistad. No hace falta que nos prometas nada más: eso ya es mucho, muchísimo, demasiado. ¡Gracias!

3. Fue por motivos de trabajo o de ocio: en todo caso, cero impulso religioso. Pero Jaume Sanllorente comprendió, en su visita a Bombay, en la India, que tenía que hacer algo: había visto de primera mano la prostitución infantil de uno de los barrios más depravados de la ciudad india, y fundó una asociación llamada *Sonrisas de Bombay*. Su propósito es muy sencillo: sonreír, o al menos tratar de hacerlo.

En una charla a universitarios, decía que el mundo es como una pared que a día de hoy está muy negra. Cada uno de nosotros disponemos de una pequeña tiza blanca; muy pequeña, pero también muy blanca: no pensemos lo mucho o poco que podemos hacer, tan solo pintemos nuestra raya. Quizás si todos lo hacemos, algo cambie, ¿no?

Jesús se les quedó mirando (*Mt* 19, 21). Cristo tampoco hoy aparta de nosotros su mirada. Sabe lo que pasa en nuestro tiempo: conoce el sufrimiento de tantos hombres, el clamor de los pobres, la angustia de los que están solos, la tristeza de los alejados. Y al mirarnos, sigue diciendo exactamente lo mismo: *entrar al Reino de los Cielos es imposible para los hombres, pero Dios lo puede todo* (*Mt* 19, 26).

Es imposible que pensemos en cambiar nuestra sociedad solos, es imposible que pretendamos vencer nuestros defectos sin su ayuda, es imposible que encontremos la paz del corazón como fruto de nuestros propios esfuerzos. *Pero Dios lo puede todo*. Solo pide que pongamos ese poco de nuestra parte (nuestro deseo de servirle mejor), y que renovemos diariamente nuestra confianza en Él.

VIGÉSIMA SEMANA. MIERCOLES

1. No hay mejor noticia que ser llamado en la primera hora.
2. Bienaventurados los que se entregan a
Dios para siempre en la juventud.
3. La juventud: edad de la entrega.

1. El Señor nos cuenta en el evangelio de hoy una parábola. En ella afirma que el reino de los cielos se parece
a un propietario que contrata jornaleros para su viña.
Unos comienzan a trabajar al romper la mañana, otros
a mediodía, y los terceros al caer la tarde.

Cuando ya anochece, el patrón rinde cuentas con los
empleados. No casualmente, comienza por los últimos,
a los que paga el denario convenido. A la vista de esta
diferencia salarial –los que menos han trabajado cobran
lo mismo que los que echaron el día–, los trabajadores
de la mañana protestan. ¿Cómo no lo iban a hacer? *Estos últimos han trabajado solo una hora y los has tratado
igual que a nosotros, que hemos aguantado el peso del día
y el bochorno* (Mt 20, 12).

Es cuestión de perspectiva. Si consideramos la parábola de hoy con el prisma de la justicia, es muy probable
que sintamos una indignación semejante a la de los tra-

bajadores de primera hora, y se hace difícil entender la política salarial del dueño del negocio.

Ahora bien, si dejamos que sea otra virtud la que guíe nuestra oración, muy probablemente nuestra plegaria se llene de luz. Tenemos en nuestras manos la parábola de la alegría: un texto evangélico que ilustra el inmenso gozo de trabajar para el dueño de la viña. Por eso cobran todos por igual: porque el gozo consiste en trabajar para el Señor.

Por esta razón, y con independencia de la paga final, no hay mejor noticia que ser llamado a la primera hora. Pertenecer a la Iglesia y tener cerca a Dios es fuente de una alegría sin límites. Pensar que vivir en gracia y ser miembro de la Iglesia es bochorno y pesadumbre es identificarse con el hijo mayor de la parábola, que habitando en casa del Padre experimentaba pesar y falta de confianza.

Lo lamentable es que los protagonistas de la parábola no lo descubrieran. Nada se saca en claro fuera de la viña que es la Iglesia, y de nada aprovecha caminar en el pecado.

Ellos fueron incapaces de descubrirlo... ¿y tú?

2. El dueño de la viña llamó a un buen grupo durante la primera hora. Hoy, Cristo sigue llamando a los corazones de los jóvenes para el seguimiento en la primera hora de la vida. Llama al seguimiento más fiel, más íntimo, más encendido; quizá con la entrega de la vida entera.

«Bienaventurados los que se entregan a Dios para siempre en la juventud», escribió Juan Bosco. Podríamos objetar al santo piamontés que esta bienaventuranza no se encuentra entre las que Cristo detalló en el Sermón de la montaña. Es cierto. Su presencia no es patente sino oculta, pues empapa todo el evangelio: Cristo amaba con especial predilección al discípulo que se entregó en la primera hora de su vida; el Señor escuchó con profundo pesar la negativa de un joven que invitó a seguirlo (el joven rico); además, durante su predicación alabó la vida de infancia y nos exhortó a ser como niños...

Es verdad que Dios llama cuando quiere: unos a la mañana, otros a mediodía y algunos en el ocaso de la vida. ¿No va a poder hacer Cristo lo que quiera?

Pero también es igualmente cierto que el Señor llama a la puerta del alma fundamentalmente en la juventud. En esa edad de ideales, de apertura al amor de entrega y comunión, Dios se hace presente de un modo particularmente vibrante, pidiendo a algunos la entrega de sus vidas para que otros conozcan el aliento de la gracia.

Así, sigue suscitando en su Iglesia jóvenes dispuestos a entregarse al sacerdocio, al celibato apostólico en medio del mundo o a la vida religiosa en sus muy diversas modalidades: contemplativas, misioneros, obras de enseñanza o caridad...

Cuesta. Es cierto. Dejarlo todo por el amor de Dios no es tarea fácil. Ideales, sueños... ¡tantas cosas!... y sobre todo, la incertidumbre. ¿Acertaré?

El Señor lo sabe, y por eso no tuvo reparos en hacerte a ti y a todos una promesa de encendido amor: *Todo el que por mí deja casa, hermanos o hermanas, padre o madre, hijos o tierras, recibirá cien veces más y heredará la vida eterna* (*Mt* 19, 29).

3. «La iglesia ha bendecido siempre la entrega a Dios en la juventud: una entrega que le ha dado tantos santos. El panorama de los santos en la Iglesia católica nos muestra que la mayoría de ellos se entregaron a Dios siendo jóvenes, muy jóvenes. Basta repasar el santoral para ver que la Iglesia rezuma alegría de juventud, la venera en sus altares y aprende de ella y de su heroísmo»[1].

A los hombres de nuestro tiempo les cuesta entender la entrega en la juventud. La sociedad, herida en lo profundo por su lejanía de Dios y atravesada por un alto nivel de superficialidad, se niega al compromiso joven. Sin embargo, es la edad de las promesas: cuando cuerpo y alma están llenos de fuerza y de ansias de entrega.

No lo dice la parábola, pero podríamos añadir al evangelio la postura de aquellos que, siendo llamados a primera hora, desoyen la voz del patrón. No quieren ir. Ya iré a la viña más tarde... «porque ahora soy demasiado joven».

Sin embargo, los gigantes de la Iglesia no obraron así: «san Bernardo, gran doctor de la Iglesia, fue elegido abad del monasterio cisterciense de Claraval a la edad de veinticinco años. La mayoría de los mártires de Uganda oscilaban entre quince y veintidós años. San Estanislao de Kotska murió a los dieciocho, santa Teresa de Lisieux a los veinticuatro, san Casimiro de Polonia a los veintiséis, santo Domingo Savio a los catorce».

«Si esas vocaciones jóvenes hubieran cedido a la sempiterna cantinela de que "son demasiado jóvenes para entregarse a Dios", o que "han de esperar a saber

---

[1] A. Aguiló, *La llamada de Dios*, 191. También para las citas que siguen.

más de la vida", o que "han de probar antes otras co-sas", ese después no les habría llegado y no tendríamos el ejemplo de su vida santa, que no necesita de muchos años de edad. Dios llega casi siempre en la juventud, en la hora ordinaria del amor».

VIGÉSIMA SEMANA. JUEVES

1. ¿Adónde voy?
2. ¿Por dónde?
3. Actos intrínsecamente malos.

1. Nuestra meditación de hoy tiene tres partes bien diferenciadas, que obedecen a dos preguntas muy concretas: ¿Adónde y por dónde voy?

Gilbert K. Chesterton era lo suficientemente conocido en Inglaterra (y lo suficientemente grueso) como para ser reconocido por todos. Colaboraba en múltiples periódicos y era un ensayista de singular éxito. Sentado en el tren, disfrutaba de la lectura del periódico cuando fue interrumpido por el revisor. Bolsillo exterior de la chaqueta, interior; bolsillo derecho del pantalón, izquierdo, camisa... Chesterton buscaba con denuedo su billete sin dar con él. Decenas de papelajos salían de un lado y otro: un caos a pequeña escala. El revisor, que conocía la honradez de nuestro personaje, decidió ahorrarle el mal trago: «déjelo, no importa que usted no encuentre el billete. Sé que es una persona de palabra, no se preocupe».

El articulista lo miró perplejo y respondió: «gracias por su amabilidad. Aun así, el interés por encontrar el billete es ahora mío, porque he olvidado absolutamente adónde me dirijo. ¿Sería tan amable de indicarme qué dirección lleva este tren?».

Con frecuencia se nos olvida también a nosotros el porqué de nuestras acciones, y es Dios mismo quien nos lo recuerda.

En el evangelio de hoy vemos cómo Dios prepara un banquete para los hombres: como un rey a sus súbditos. Es imponente pensar que el Todopoderoso quiera tener algo que ver con nosotros, que prepare para nosotros cosa alguna, como recordándonos que Él es la meta de todo hombre.

Los antiguos se llenaban de estupor con solo pensarlo: *Pregunta a los tiempos antiguos, que te han precedido, desde el día en que Dios creó al hombre sobre la tierra; pregunta desde un extremo al otro del cielo, ¿sucedió jamás algo tan grande como esto o se oyó cosa semejante?¿Escuchó algún pueblo, como tú has escuchado, la voz de Dios, hablando desde el fuego, y ha sobrevivido? ¿Intentó jamás algún dios venir a escogerse una nación entre las otras mediante pruebas, signos, prodigios y guerra y con mano fuerte y brazo poderoso, con terribles portentos, como todo lo que hizo el Señor, vuestro Dios, con vosotros en Egipto, ante vuestros ojos?* (*Dt* 4, 32-34).

Dios, con sus intervenciones a nuestro favor, nos recuerda adónde vamos; cuál debe ser la dirección de nuestra vida. Como Chesterton en aquel tren, también nosotros queremos recapacitar un poco en el silencio de nuestra oración, para dirigir nuestra vida a la *boda que el rey tiene preparada para nosotros* (cfr. *Mt* 22, 2-14).

¿Qué estoy haciendo con mi vida? ¿Adónde me dirijo?

2. Podemos pensar: yo quiero hacer el bien. Pero creo que estamos en disposición de comprender que casi todo el mundo (creyentes y no creyentes) desea hacer el bien y no todos aciertan.

Porque, tan importante como saber adónde ir es conocer por dónde.

En Roma existe un lugar de singular belleza: *Piazza Venezia*. El *monumentone* a un lado, el *Palazzo Venezia* en otro, las obras de la línea C del metro (que llevan ahí quince años), *Via del Corso* al otro extremo...

Se trata de una plaza muy amplia, a la que llegan calles desde donde menos te lo esperas, por todas direcciones. Contemplarla durante un minuto desde la acera es tiempo suficiente para quedar maravillado. ¡Nadie choca a pesar del febril movimiento!: entran coches por un lado, salen por el otro, se cambian bruscamente de carril, nadie pita, unos frenan, otros aceleran... y todo funciona. ¿Cómo se obra este prodigio? Es el milagro, querido lector, de saber que no solo es importante el destino, sino también el camino. «Quiero llegar y no chocar», pensarán los conductores.

Se ha descrito la moral como «el arte de vivir»: un modo concreto de llegar y no chocar. No es fácil conducirse por la vida sin entrar en colisión con los demás o con uno mismo, sin que todo acabe en un siniestro. Por eso, no basta con tener deseos de amar a Dios o de hacer el bien, sino que hay que saber ponerlo por obra en cada circunstancia concreta.

La primera lección para conducir la propia vida es huir decididamente del pecado (nadie conduce por encima del césped de la plaza, ¿no?; ni se suben al bordillo de un metro de alto...). El pecado mortal deliberado expulsa la gracia de Dios del hombre y, expresado según los términos de la parábola del evangelio de hoy, quita al hombre el traje de fiesta necesario para estar delante de Dios; aleja a los hombres temporalmente de su creador y puede hacerlo –tristemente– por toda la eternidad: eso es el infierno. En términos automovilísticos, un pecado mortal es un siniestro total que, sin embargo, tiene solución en vida a través de una buena confesión.

El pecado venial es un roce más o menos dañino: un rayón en la carrocería, un golpe en el espejo retrovisor o tal vez un cristal roto. Se trata de pequeñas faltas que hacen cada vez más difícil conducir nuestra vida conforme al amor de verdad. Con otras palabras: un coche abollado, aunque funcione, es horroroso.

Pedimos a Dios deseos grandes de combatir con todas nuestras fuerzas uno y otro pecado: mortal y venial, porque nos damos buena cuenta de que tan importante como la meta es el camino.

3. Aprovecho este rato de oración para recordarte que existe lo que la doctrina católica llama actos intrínsecamente malos. ¿Qué es esto?

«Si los actos son intrínsecamente malos, una intención buena o determinadas circunstancias particulares pueden atenuar su malicia, pero no pueden suprimirla: son actos irremediablemente malos, por sí y en sí mismos no son ordenables a Dios y al bien de la persona: "En cuanto a los actos que son por sí mismos pecados (*cum iam opera ipsa peccata sunt*) –dice san Agustín–, como el robo, la fornicación, la blasfemia u otros actos semejantes, ¿quién osará afirmar que cumpliéndolos por motivos buenos (*bonis causis*), ya no serían pecados o –conclusión más absurda aún– que serían pecados justificados?"»[1].

Hay obras que son irremediablemente malas, como la blasfemia, el aborto o la masturbación. Ninguna intención, por buena que pueda parecer, puede justificar un acto así o hacerlo bueno. Por supuesto, dentro de la gravedad hay diversos grados, pero todos son pecados mortales.

Estos actos quitan a los hombres el traje de fiesta, de modo que antes de acudir a las bodas del rey (en el cielo, o para recibir la comunión) es necesario confesarse contritamente o, de otro modo, se corre el riesgo de escuchar del maestro de ceremonias la dolorosa pregunta: *Amigo, ¿cómo has entrado aquí sin vestirte de fiesta?*

Pídele al Señor una conciencia suficientemente fina para no encontrarte a gusto cuando, eventualmente, estés en pecado mortal, y busca siempre con prontitud un sacerdote para confesarte y volver a empezar a luchar.

---

[1] SAN JUAN PABLO II, *Veritatis Splendor,* n. 81.

VIGÉSIMA SEMANA. VIERNES

1. El primer paso en la caridad: el amor de Dios.
2. Para que crezca el amor, sofocar el orgullo.
3. Para que alguien se sepa amado... interesarnos
por sus pequeñeces.

1. Es una de las causas, qué duda cabe, del alto índice de depresión entre los maestros. Todo puesto al servicio de la educación del alumno. No hay repuesta. Todo resbala. Como agua entre las piedras. ¿Y entretanto? Falta de disciplina, ausencia de orden, ignorancia y ningún respeto, crisis: del profesor, también del alumno.

Tampoco creo que vaguen por lugares muy lejanos los ánimos de los padres frustrados. Hijos rebeldes a pesar de tanto empeño. Una generación díscola. No escuchan. Parecen no darse cuenta... Y surge angustiosa la pregunta: «¿cómo puedo educarlos?».

Los corazones cambian cuando se les ama. Ciertamente, los padres aman a sus hijos, y los maestros a sus alumnos. Pero siempre se puede amar mejor. Y así, siempre se puede querer más.

El primer paso en esta creciente caridad consiste en cobrar renovada conciencia de que el amor de Dios inhabita en nuestra alma. Cristo nos enseña en el evangelio de hoy a amar al prójimo y a uno mismo. Esa caridad es consecuencia del inmenso amor que Dios tiene por nosotros. Quizá el actual fracaso educativo tenga algo que ver con la ausencia de Dios.

Hemos de ser conscientes de que, por el bautismo, hemos sido hechos hijos de Dios. El Espíritu Santo habita en nuestra alma en gracia; nuestro Padre Dios guía con paso providente la vida entera; Jesucristo, nuestro amigo, nuestro hermano, nuestro Dios… se muestra como camino para conducir a la vida y a la verdad: al cielo. Somos de Dios.

«*Meus es tu* —eres mío, te ha manifestado el Señor.

—¡Que ese Dios, que es toda la hermosura y toda la sabiduría, toda la grandeza y toda la bondad, te diga a ti que eres suyo!..., ¡y que tú no le sepas responder!»[1].

2. San Felipe Neri adquirió una certeza vivísima de la presencia del Amor de Dios en su alma, así, con mayúscula; y por esa razón trató siempre de expulsar de su corazón toda sombra de orgullo que se interpusiera entre él y el Amor.

Cuando asomaba la vanidad en su alma, buscaba el modo de hacer una *figuraccia*: esto es, hacer el ridículo en público para reírse de sí mismo al ser la mofa de todos. Por ejemplo, con ocasión de una procesión a la que asistían numerosos cardenales, notó que se estaba convirtiendo en el centro de atención. No era para menos: la comitiva se dirigía a su iglesia, la *Chiesa Nuova*, y ahí estaban todos, rodeándole a la puerta del templo.

---

[1] *Forja*, 123.

Viéndose asaltado por la vanagloria, decidió someterla sin contemplaciones: bajó los escalones, se dirigió inmediatamente a un guardia suizo que estaba en la plaza, y comenzó a acariciarle la barba a la vista de todos. Fue el hazmerreír de los asistentes, y toda aureola de honor, gloria o santidad personal despareció en un momento.

Este es el segundo punto que deseo traer a tu consideración: el amor hacia los demás será tanto más cuidadoso, en la medida en que sofoquemos con prontitud la soberbia. Recuerda que ese pecado capital es enemigo del servicio, y la caridad tiene mucho que ver con ser esclavo y servidor de todos.

Tan claro lo tenía san Felipe, que no se contentaba con desmontar su vanidad con todas las fuerzas, sino que exhortaba a obrar igual también a sus seguidores. Baronio, por ejemplo, era un historiador de primera, conocido en toda Europa por sus voluminosos estudios. Un día, mientras asistían a un matrimonio, el santo le hizo entonar el *Miserere* (que es un canto de difuntos) y Baronio lo hizo.

Más famoso fue, si cabe, el caso de otro joven sacerdote, brillante orador, que subió al púlpito de la *Chiesa Nuova* e hizo un sermón extraordinario. Tan estupendo fue, que Neri le ordenó repetir la misma homilía día tras día. Los fieles, que tan admirados habían quedado la primera vez, comentaban después, al ver que iba a predicar: «Ahí viene el que no sabe más que un sermón».

3. Cuando uno ama de verdad, puede pedir casi cualquier cosa a la persona amada, precisamente porque ella se sabe querida. Si Baronio y aquel otro sacerdote obedecieron a san Felipe es porque se fiaban ciegamente de él. Sabían que no buscaba otra cosa que lo mejor para ellos. Bien se había preocupado el santo de mostrárselo con palabras y obras.

Se ha puesto delante de nuestra vista, casi sin pretenderlo, el tercer punto de la meditación de hoy. Los niños y los jóvenes –y todos, en general– cambian cuando no solo se les ama, sino cuando se saben amados. Ilustrémoslo de la mano del gran educador de la juventud.

El 10 de mayo de 1884, san Juan Bosco escribió al oratorio de Turín. Había tenido un sueño. En él, Valfré y otro antiguo integrante del primer oratorio le llevan a ver el lugar: el ambiente, las risas, la pureza y las decisiones de entrega a Dios. Después, conducen a don Bosco al oratorio actual. En su visita aprecia caras de desagrado, faltas de sinceridad que invalidan confesiones enteras, desgana, comentarios frívolos e incluso impureza en los pensamientos y gestos de los jóvenes.

El alma del santo se llena de tristeza, y pregunta a sus guías por la causa de tal fraude. Amor no les falta, objeta Bosco: les he amado con todo el corazón y he enseñado a los salesianos a quererles de idéntico modo. ¿Qué es lo que está ocurriendo? ¿Por qué se muestran ahora los jóvenes menos dispuestos, más díscolos, distantes? Es Valfré quien le contesta:

—Falta que los jóvenes no sean solamente amados, sino que se den cuenta de que se les ama.

—Pero, ¿no tienen ojos en la cara? ¿No tienen luz en la inteligencia? ¿No ven que cuanto se hace en su favor se hace por su amor?

—No, repito; no basta.

—¿Qué se requiere, pues?

—Que, al ser amados en las cosas que les agradan, participando en sus inclinaciones infantiles, aprendan a ver el amor en aquellas cosas que naturalmente les agradan poco, como son la disciplina, el estudio, la mortificación de sí mismos, y que aprendan a hacer estas cosas con amor.

—Explícate mejor...

Y Valfré se explica: «la ineficacia de los que educan, aunque amen de verdad, reside en su escaso interés por las cosas banales de los educados. Los maestros ya no participan de los recreos de los niños; los padres ya no se tiran al suelo a jugar con sus hijos.

Los niños crecen cuando perciben que al adulto le interesan de verdad sus cosas, sin falsedades ni composturas. El joven progresa cuando el educador es capaz de divertirse sinceramente con él: con su música, sus juegos, el deporte que le gusta... ¡todo lo suyo es mío!

Si somos apasionados por la vida, con dificultad dejarán de ilusionarlos las cosas de los demás. En cualquier caso, grabémoslo a fuego en nuestras almas: el desprecio por las pequeñeces de los menores se traduce en su ausencia de ánimo para las cosas grandes».

VIGÉSIMA SEMANA. SÁBADO

1. La voz de la conciencia.

2. Advertencia contra la conciencia farisaica.

3. Tres consejos para formar la conciencia.

1. Solían salir a pasear juntos al caer la tarde, después de estudiar. Eran, sencillamente, amigos. Pero aquella tarde, por trágica, fue diferente.

Caminaban por el centro de Madrid, donde se extiende el conocido *viaducto*, un pequeño puente en cuanto a longitud, pero de una altura destacable. Estaban rodando una película: un carril de la calle Bailén estaba cortado, los equipos de rodaje, las maquilladoras, luces... todo a punto.

Mordidos por la curiosidad preguntaron: se trataba de un film que se esperaba estrenar ese mismo verano. Tampoco se detuvieron mucho más, los actores siguieron con sus pruebas y nuestros viandantes su camino.

Cuando volvían todo había dado un cambio inesperado. Coches de ambulancia se golpeaban al pie del puente: arriba la policía acordonaba el lugar. El director, sentado al bordillo, lloraba desconsoladamente; algunos eran atendidos por la unidad psicológica del servicio urgente de ambulancias. Las fuerzas de orden público dispersaban a los curiosos.

Al día siguiente, la prensa dio noticia de lo sucedido. El especialista era quien debía realizar esos fotogramas de riesgo: caer viaducto abajo. El sistema de seguridad falló y el actor se precipitó contra el asfalto de la calle Segovia.

La historia, además de dramática, es real.

En la vida moral puede pasar –y de hecho pasa– que muchas personas se lancen al vacío de una vida alocada saltándose todas las medidas de seguridad y sin medir para nada las consecuencias.

Para evitar que esto pase, suena dentro de nosotros la voz de la conciencia, pequeña pero poderosa, que nos indica el camino que debemos seguir.

Hoy lo habitual es encontrar la conciencia deformada por la laxitud: todo da igual. La voz interior se apaga cada vez más, y ya nunca dice nada. Si conducimos nuestra vida de pecado en pecado, es fácil que se extingan los síntomas que nos indican que no vamos bien, y poco a poco el mal prenda a sus anchas.

Pasa lo mismo en las enfermedades del cuerpo: si se dejan por no hacerles caso o por no descubrirlas, puede pasar que al final sea demasiado tarde: «tenía metástasis».

Nunca fue una buena medida, en las carencias del alma, mirar para otro lado. Lo valiente es pararse, entrar en uno mismo, hacer examen… y buscar una solución.

2. Jesús, en el evangelio de hoy, nos advierte duramente contra los fariseos. Una conciencia farisaica es la que se preocupa por aparentar bondad ante los demás, mientras en su interior hay pecados de orgullo y soberbia. Es hipócrita, quiere que todos piensen que es buena y eso es lo único que le importa.

Una conciencia así hace sufrir mucho. Un ojo está puesto en hacer las cosas lo mejor posible, y el otro en la impresión que esto puede causar en los demás. Es tan importante la opinión del prójimo como la misma cosa obrada. Es un agobio increíble: porque además se suele envidiar muchísimo a los demás.

Quien vive así conoce de cerca el miedo, porque su mundo es muy pequeño. Quiere que todo sea perfecto, incluso moralmente perfecto, y planifica su vida al milímetro: nazco en mi barrio, estudio en mi colegio, me caso y vivo en el barrio a lado de mi madre, tengo hijos, sonrío mucho, juzgo la vida de todos los demás y trato de que todos se den cuenta de lo perfecta que es mi vida y mi familia.

La conciencia farisaica no es precisamente la de los que están lejos de Dios, sino la de los que quieren ser religiosos, pero como cosa social; quieren contar con el Altísimo pero ser ellos los primeros. Se busca la estima de los demás permanentemente.

¡Rompe el círculo de una conciencia tan pobre! Jesús les reprocha, sobre todo, que no hacen lo que dicen, porque es muy típico el ser capaz de grandes discursos con una vida minúscula.

Es tarea del Espíritu Santo agrandar nuestros deseos y nuestras conciencias. Pídeselo ahora que hay silencio y que tu alma reza.

3. Aún hay otro tipo de conciencia que, si cabe, es más dañina que la anterior: la escrupulosa. «Padre –decía un hombre con sencillez al sacerdote antes de Misa–, no sé si podré comulgar, porque cruzando un paso de cebra no miré concienzudamente a derecha e izquierda y no sé si con ello he pecado contra el quinto mandamiento: podía haber atropellado a alguien».

La conciencia escrupulosa está convencida de que absolutamente todo es pecado. Todo le genera duda. A estas personas hay que recomendarles –e incluso obligarles– a que comulguen sin miedo, porque todas esas cosas que les oprimen no son para nada pecado.

Pídele a Dios una conciencia recta, que es lo bueno. Y para conseguirla, piensa cómo poner en práctica estos propósitos:

Nunca justifiques el mal que hay en tu vida. Todos nos equivocamos: no pasa nada.

El fin nunca justifica los medios. Por ejemplo: para dar un futuro mejor a mi familia no me está permitido robar.

Y trata a los demás como te gustaría que te trataran a ti. Piensa si no eres tremendamente exigente con el prójimo, y extraordinariamente laxo contigo mismo.

ÍNDICE

DECIMOSEXTA SEMANA DEL TIEMPO ORDINARIO

DECIMOSÉPTIMA SEMANA DEL TIEMPO ORDINARIO

DECIMOCTAVA SEMANA DEL TIEMPO ORDINARIO

DECIMONOVENA SEMANA DEL TIEMPO ORDINARIO

VIGÉSIMA SEMANA DEL TIEMPO ORDINARIO